**Amor y Muerte en tiempos de Tinder y Grindr
por Jenny J Gonzalez**

Índice

Antes de leer

El presente libro se basa en hechos de la vida real. Cada caso es un hecho que ha ocurrido y que está documentado en internet o en las redes sociales. El libro recoge diferentes historias alrededor del mundo sobre fatales desenlaces de encuentros con desconocidos a través de aplicaciones de citas. Para ello, se ha anonimizado mediante el uso del nombre de pila y el acrónimo de los personajes, intentando al mismo tiempo mantenerse fiel a la historia. Los dibujos que aparecen a lo largo del libro son representaciones basadas en fotografías reales encontradas en las redes.

No es el objetivo desmotivar los encuentros con extraños ni desincentivar el uso de estas aplicaciones, sino alertar sobre posibles riesgos que se pueden correr si confiamos ciegamente en una persona que acabamos de conocer. No todos y todas son lo que parecen ser en las redes sociales…

Capítulo 01. **Sydney | USA | Tinder**

El caso de Sidney, nacida en un caluroso día de verano, el 21 de agosto de 1993, en Broken Bow, Nebraska, se enmarca en una historia de sueños y desafíos. Sidney, la menor y la última en la línea de una venerada familia de educadores, creció en un entorno donde la enseñanza y el aprendizaje eran pilares fundamentales. Su padre, un director respetado, y su madre, una pedagoga dedicada, junto con sus hermanos, conformaban un núcleo familiar unido y solidario. Desde joven, Sidney destacó en el deporte y la música. Brillaba en la cancha de baloncesto y el campo de golf, mostrando un talento natural que la hacía destacar entre sus compañeros. Además, su pasión por la música la llevó a ocupar un lugar prominente en la banda de su escuela, donde su habilidad y entusiasmo eran evidentes.

Figura 1. Fotografía de Sydney, la víctima.

Sin embargo, su trayectoria deportiva y artística se vio bruscamente interrumpida por un diagnóstico de escoliosis, que limitó su capacidad física. A pesar de esta adversidad, Sidney mantuvo un espíritu resiliente, simbolizado en el tatuaje de su brazo que decía "Todo será maravilloso". Después de finalizar la escuela, Sidney tomó la decisión de apartarse del camino académico, optando por ingresar al mundo laboral. Esta elección marcó un cambio significativo en su vida, alejándola de su zona de confort y llevándola a explorar nuevos horizontes. El 15 de noviembre de 2017, en una fría noche en Lincoln, Nebraska, la vida de Sidney tomó un giro inesperado. Con apenas 24 años y en el umbral de su vida adulta, desapareció sin dejar rastro, dejando un vacío en la comunidad y en el corazón de su familia. Su desaparición no solo es un misterio sin resolver, sino también un recordatorio de la fragilidad de la vida y la importancia de cada momento compartido con seres queridos. Sidney, recordada por su calidez, bondad inmensurable y optimismo incansable, se convirtió en un símbolo de esperanza y resiliencia en su comunidad.

Figura 2. Familia de Sydney con su padre, su madre, su hermano y su hermana.

Sydney, una joven entusiasta y con sueños grandes, inició su vida laboral en 'Menards Store', una conocida ferretería perteneciente a una respetada cadena estadounidense. Este establecimiento, anclado en las entrañas de su pintoresco pueblo natal, Broken Bow, en Nebraska, se convirtió en su primer campo de batalla laboral. Después de dos años de incansable y meticuloso trabajo, Sydney fue promovida y trasladada a una sucursal más grande, situada en la vibrante ciudad de Lincoln, a 285 kilómetros de distancia, aún dentro del vasto territorio de Nebraska. Esta transición marcó un punto de inflexión en su vida. De haber vivido en un lugar con poco más de 3.500 habitantes, Sydney se encontró sumergida en el vértigo de una metrópolis con una población que superaba los 250.000 habitantes. Era un renacimiento, un capítulo nuevo en su vida, lleno de posibilidades y desafíos. En Lincoln, ella alquiló un modesto apartamento, creando su propio santuario, un refugio para una joven aventurera que se aventuraba en la odisea de la vida urbana. Como es habitual entre la juventud contemporánea, Sydney descargó la popular aplicación de citas Tinder, buscando conexiones en esta nueva y abrumadora urbe. Fue a través de esta plataforma digital donde su destino se entrelazó con el de Audrey, una joven apenas un año mayor que ella. Pronto, ambas acordaron encontrarse, rompiendo con los convencionales clichés de bares y cervezas. En lugar de ello, eligieron el íntimo escenario del automóvil de una de ellas, donde compartieron tragos y risas bajo el humo de la marihuana. En su singular percepción, Sydney consideró este encuentro como la cita perfecta, un momento mágico donde la atracción era palpable y abrumadora. Audrey, capturada por el mismo encanto, propuso un segundo encuentro para la noche siguiente, el 15 de noviembre. Sydney, ajena a los giros oscuros que el destino a veces nos reserva, aceptó con entusiasmo, sin sospechar que esa decisión marcaría el principio de un inesperado y trágico desenlace.

De acuerdo con las personas cercanas a Sidney, ella se encontraba notablemente nerviosa ante la perspectiva de su segunda cita. Comenzó sus preparativos con bastante anticipación, eligiendo meticulosamente una camisa de tono crema y una chaqueta blanca, seleccionadas estratégicamente para impresionar y cautivar a su acompañante. Tras varios intentos frente al espejo, retocando su imagen y asegurándose de que su maquillaje estuviera impecable, Sidney se tomó una selfie. Esta imagen, que compartió en Snapchat con la leyenda "Lista para mi cita", desafortunadamente sería su última fotografía y publicación en redes sociales. En la instantánea, Sidney irradiaba una sonrisa radiante, mezclada con un matiz de suspense, adornada por un emoji con ojos de corazón que reflejaba su entusiasmo por el encuentro. Después de aquel día, Sidney desapareció sin dejar rastro. Su ausencia en el trabajo al día siguiente generó una creciente preocupación entre sus colegas, ya que su puntualidad y compromiso eran rasgos distintivos de su personalidad. Su jefe, alarmado por su inusual falta sin aviso previo, intentó contactarla reiteradamente, pero todos sus esfuerzos fueron en vano, ya que Sidney nunca respondió.

Figura 3. Última foto de Sidney conocida y obtenida de la red social Snapchat.

Los padres de Sidney, a pesar de vivir a tres horas de distancia de Lincoln, mantenían una comunicación diaria con su hija y se reunían con ella con frecuencia, especialmente los fines de semana para disfrutar de cenas familiares. Sidney, que luchaba contra una depresión y estaba bajo tratamiento psiquiátrico, había visitado a sus padres el fin de semana del 10 de noviembre en Broken Bow, su pueblo natal. Durante su visita, su madre la acompañó de regreso a Lincoln. Sidney había comentado con sus padres que los medicamentos que tomaba solo empeoraban su estado, por lo que consultó a otro médico que le recetó diferentes medicamentos, aparentemente más efectivos. Además, Sidney buscaba alivio en remedios caseros, como la piedra amatista, a la que atribuía propiedades curativas para sus problemas físicos y emocionales. Guardaba una colección de estos cristales en una caja y los esparcía sobre su cama para admirarlos, según relató su madre. La preocupación de los padres de Sidney se intensificó cuando ella desapareció y dejó de responder a sus llamadas. Alarmados, viajaron al apartamento de Sidney en Lincoln, encontrando su automóvil estacionado frente al edificio. Al ingresar, descubrieron algunas de sus pertenencias, como llaves y bolso, pero ni Sidney ni su celular estaban allí. El único indicio de vida era Mimzy, su querida gata, que parecía hambrienta y descuidada, un signo inusual dado el profundo cariño que Sidney sentía por su mascota. Recordaron que Sidney había adquirido a Mimzy a través de Craigslist, pagando 20 dólares por el pequeño gatito de granja, al que acarició todo el camino a casa mientras su amiga conducía. La ausencia de Sidney y el estado de Mimzy confirmaron a sus padres que algo terrible había sucedido, pues Sidney nunca habría abandonado a su amada gata.

A medida que transcurrían las interminables horas, la ansiedad y el temor de la madre de Sidney se intensificaban al no lograr establecer comunicación con su hija, ni con ninguna persona que pudiera ofrecer información sobre su paradero. El pánico parental escalaba a medida que el silencio se prolongaba. Finalmente, impulsada por la desesperación y la angustia, decidió marcar al 911 para reportar la inquietante desaparición de Sidney. La policía, mostrando una eficiencia y rapidez ejemplar, activó inmediatamente su protocolo de búsqueda y rescate. Como es habitual en investigaciones de esta índole, las primeras indagaciones se centraron en el círculo cercano de Sidney, así como en su actividad en las redes sociales. Un detalle que llamó poderosamente la atención fue su última publicación en Instagram: un autorretrato acompañado de una frase que rezaba "lista para mi cita" acompañado de un emoji de corazón. La frase, aunque inocente a primera vista, adquiría un matiz inquietante bajo las actuales circunstancias. La trama se complicó aún más cuando, en el curso de las entrevistas con los amigos más íntimos de Sidney, una de ellas reveló una información crucial: días antes de su desaparición, Sidney había mencionado a una misteriosa mujer llamada Audrey, a quien había conocido a través de la aplicación de citas Tinder. Incluso le había mostrado a su amiga la fotografía del perfil de Audrey. Este dato convertía a Audrey en una pieza clave del rompecabezas y en la principal sospechosa, siendo la última persona conocida que había interactuado con Sidney. Sin embargo, la policía se enfrentaba a un desafío mayúsculo: solo tenían el nombre de Audrey y su fotografía de perfil en Tinder, pero carecían de cualquier otra información que pudiera llevar a su localización. No tenían acceso a su dirección, redes sociales, ni número de teléfono. Fue entonces cuando la amiga de Sidney, movida por un deseo de ayudar y solucionar el enigma, tomó una decisión audaz:

descargó Tinder y se sumergió en una búsqueda solitaria y tenaz para encontrar a Audrey, basándose únicamente en su recuerdo de la foto que Sidney le había mostrado. Esta búsqueda era una verdadera aguja en un pajar, ya que Tinder no proporciona un sistema de búsqueda por nombres o características específicas, obligando a los usuarios a deslizar por los perfiles uno a uno, confiando únicamente en la suerte para encontrar a la persona deseada. A pesar de las dificultades, y después de horas de búsqueda incansable, la amiga logró dar con el perfil de Audrey. En un giro inesperado del destino, consiguió hacer match con ella e inició una conversación cautelosa, tratando de extraer la mayor cantidad de información posible sin revelar su conexión con Sidney. Su estrategia dio frutos y finalmente obtuvo el número de teléfono de Audrey, el cual entregó inmediatamente a la policía. Este nuevo dato permitió a las autoridades continuar con la investigación y acercarse un paso más a descubrir la verdad detrás de la desaparición de Sidney. El caso tomó un giro aún más dramático cuando el FBI tomó cartas en el asunto, logrando rastrear la última conexión de Sidney a un apartamento en un pequeño pueblo al sur de Lincoln llamado Wilber. El apartamento estaba ocupado por una joven de 24 años, BW, y un hombre de 51 años, AT. Lo más sorprendente fue descubrir que BW compartía el mismo número de teléfono que Audrey, la mujer de Tinder. BW y AT, que poseían un extenso historial criminal relacionado con fraudes financieros y robos, pero sin antecedentes de violencia, se convirtieron en los principales sospechosos de la desaparición de Sidney. Al darse cuenta de que estaban bajo vigilancia, probablemente debido a un hackeo en la frecuencia de radio de la policía local, BW y AT tomaron la decisión de huir de la ciudad. Mientras tanto, la policía logró acceder a los más de 140 mensajes intercambiados entre Sidney y Audrey (BW) en Tinder, revelando que el último mensaje fue enviado a las 6:45 pm del día de su segunda cita, donde Audrey decía a Sidney que estaba afuera de su casa. Todo apuntaba a que esta pareja sabía algo más acerca del paradero de Sidney.

No mucho después de haber iniciado el operativo de búsqueda, la policía recibió una llamada del legítimo propietario del apartamento de Willber, el antiguo casero de AT y BW. La llamada se realizó para reportar un fuerte aroma a cloro, un indicio preocupante que hizo temblar a los agentes. La policía, presa de la sospecha de que se estuvieran borrando rastros delictivos, actuó rápidamente y consiguió una orden de registro del domicilio sin demora. Al entrar, los agentes del FBI se vieron abrumados por el penetrante hedor del cloro, testimonio mudo de una limpieza intensiva que, sin embargo, no logró borrar por completo algunas manchas de sangre esparcidas por la casa. Estas manchas se convertirían posteriormente en piezas clave de la investigación. Además, la constatación de ciertos artículos diseminados por todo el apartamento encendió las alarmas de los agentes, quienes intuyeron que algo terrible había ocurrido allí. Entre los objetos encontrados se destacaban una correa de perro (cuando la pareja no tenía mascotas), cinta adhesiva, un traje de sauna con un extraño corte en la entrepierna, un hacha, plástico manchado de sangre y un libro de anatomía humana. El escenario descubierto sugería un macabro destino para Sidney, impulsando a la policía a iniciar una búsqueda frenética de su cuerpo en las áreas rurales y alrededores de Wilber. Paralelamente, los padres de la joven desaparecida, desesperados pero esperanzados, insistían en la difusión del caso en las redes sociales, en un esfuerzo desgarrador por mantener viva la atención pública sobre el trágico suceso.

La trama del caso de BW y AT tomó giros inesperadamente surrealistas cuando, presuntamente impulsados por la presión de la opinión pública, la pareja comenzó a publicar una serie de videos en las redes sociales proclamando su inocencia. En un particular video de Facebook, AT declaró con un tono grave: "No intentaré justificar mis acciones. Puedo ser un ladrón, pero jamás he quitado una vida, ni he causado daño a una mujer". Con vehemencia, sostenían que no estaban fugitivos, sino que se veían imposibilitados de regresar a su hogar debido a la manipulación mediática local, que había torcido la percepción de los habitantes en su contra. El 29 de Noviembre de 2017, BW, ocultando su rostro tras un abrigo negro y unas gafas de sol, hizo una declaración inesperada. Aseguró haber conocido a Sidney, pero insistió que su interacción se limitó a compartir un porro antes de dejarla en la casa de un amigo. Este intercambio de mensajes, casi como un juego del gato y el ratón entre los sospechosos y la policía, añadió tensión a la ya complicada investigación. La pareja reiteraba que ya habían colaborado con las autoridades, una afirmación que la policía desmentía categóricamente. Sin embargo, la situación dio un giro dramático el 30 de Noviembre. Un nuevo video subido a las redes sociales brindó a la policía pistas cruciales para rastrear los movimientos de BW y AT a través de varios estados. Finalmente, la pareja fue localizada y detenida en un motel en Branson-Missouri, alrededor de las seis de la tarde. Paradójicamente, su arresto no se debió al caso de Sidney, sino a una orden de arresto previa relacionada con el robo y transporte ilegal de monedas de oro a través de fronteras estatales. Aunque la policía no logró encontrar el cuerpo de Sidney ni poseía evidencias contundentes de su asesinato, la detención de la pareja despejó el camino para que la investigación pudiera avanzar sin más distracciones. Lo que sucedería a continuación, sin embargo, era algo que nadie podía anticipar. La trama continuaba desplegándose, revelando capas cada vez más profundas y enigmáticas en este misterioso caso.

Figura 4. Fotos de BW y AT cuando fueron detenidos.

Las evidencias extraídas del dispositivo móvil de BW no solo se centraron en la localización de su apartamento, donde vivía con su pareja. La geolocalización de las llamadas efectuadas el día que Sidney fue reportada como desaparecida, trazó una ruta extensa: BW recorrió aproximadamente 320 kilómetros a través de diversas vías rurales en el condado de Clay, Nebraska. Este itinerario resultó altamente sospechoso, especialmente al coincidir con el día posterior a su encuentro con Sidney y la denuncia de su desaparición. Motivadas por estas circunstancias, las autoridades decidieron replicar la ruta señalada por el teléfono de BW, con la esperanza de hallar alguna pista reveladora. No tardaron en encontrar un indicio macabro: en una zanja junto a un camino remoto, emergía un brazo humano de una bolsa de basura. Del 4 al 5 de diciembre, los investigadores descubrieron 13 bolsas adicionales, dispersas en las proximidades, cada una conteniendo distintas partes del cuerpo de Sidney. La víctima había sido desmembrada en 14 secciones. Irónicamente, el tatuaje en su brazo, que proclamaba "Todo será maravilloso algún día", facilitó su identificación. Los exámenes forenses en la morgue revelaron que Sidney había sido estrangulada antes de ser desmembrada. Las pruebas indicaban una muerte por asfixia y señalaban una lucha física con su agresor. Adicionalmente, se encontraron evidencias de hemorragia en la zona vaginal, sugiriendo actividad sexual antes de su muerte. Un detalle particularmente perturbador fue la ausencia de los órganos internos de Sidney, un hallazgo que desconcertó a los investigadores. Con estos descubrimientos, la evidencia acumulada era suficiente para proceder con la extradición de BW a Nebraska, donde enfrentaría un juicio como principal sospechoso en el asesinato de Sidney. La investigación había reunido una serie de pruebas contundentes que apuntaban a un crimen premeditado y brutal, un rompecabezas macabro que se armaba pieza a pieza, revelando la trágica suerte de una joven cuya vida fue abruptamente cortada. El caso, con sus detalles espeluznantes y giros inesperados, se convirtió en un testimonio sombrío de la violencia y los peligros que pueden acechar en las interacciones cotidianas, un recordatorio escalofriante de la fragilidad de la vida y la profundidad de la depravación humana.

Figura 5. El campo donde se encontraron algunos de los restos de la Sidney.

En la mente del abogado defensor de BW y AT, solo existía una única estrategia: sostener firmemente que la trágica muerte de Sidney no fue más que un desafortunado accidente, una espeluznante desgracia originada en unos juegos eróticos que, sin intención alguna, se salieron de control. Según su perspectiva, los acusados eran meras víctimas del pánico, quienes actuaron de manera imprudente al tratar de ocultar el cadáver en un intento desesperado de evitar las consecuencias de su acto involuntario. Sin embargo, conforme pasaron los meses, específicamente medio año después del inicio del juicio, la estrategia del abogado se derrumbó completamente, como un frágil castillo de naipes azotado por un viento imprevisto. Durante el desarrollo del juicio, se descubrieron pruebas incriminatorias que alteraron completamente el curso de los acontecimientos. Se hallaron videos, escalofriantes en su contenido, que mostraban a los acusados, apenas unas horas antes del fatal encuentro con Sidney, comprando un macabro y ominoso catálogo de objetos. Estos elementos, que incluían una sierra, cinta industrial, navajas, grandes bolsas de basura y una alarmante cantidad de cloro, podían presagiar que lo que estaba por ocurrir había sido meticulosamente planeado. Aún más comprometedora fue la presentación de evidencia irrefutable que demostraba que AT había estado merodeando el lugar de trabajo de Sidney, en momentos en que interactuaba con BW, tejiendo así una red de sospechas y conexiones ineludibles. Lo que sucedió a continuación fue sencillamente horrendo y rebasó los límites de la comprensión humana. Sidney fue brutalmente estrangulada con un cable por AT, quien luego procedió a desmembrar su cuerpo con la sierra que habían adquirido previamente. De manera macabra y calculada, el cuerpo fue dividido en 14 partes por AT, con BW colaborando en la limpieza y el desmembramiento. Solo 13 de esos 14 pedazos fueron recuperados, dispersos a lo largo y ancho de los caminos del condado de Clay en Nebraska. La pareja, sumida en un torbellino de acusaciones, fue imputada de dos graves delitos: asesinato en primer grado y conspiración para cometer asesinat. A pesar de la abrumadora evidencia en su contra, AT solo admitió haber participado en la disposición del cuerpo de Sidney, insistiendo en que BW (Audrey) era completamente inocente. Sin embargo, la suerte parecía decidida a no estar de su lado. Mientras languidecían en prisión, aguardando su juicio, las autoridades descubrieron una serie de mensajes codificados entre la pareja. Estos mensajes revelaban un plan de contingencia para el juicio en caso de ser arrestados: AT asumiría toda la responsabilidad, pintando a BW como otra de sus víctimas, coaccionada y forzada a involucrarse en los horrendos actos perpetrados.

Finalmente, después de una espera de casi dos interminables años, en junio de 2019, AT fue llevado a juicio. Enfrentaba acusaciones graves, incluyendo asesinato en primer grado y conspiración para cometer asesinato. La fiscalía, decidida a presentar un caso sólido, desplegó un impresionante arsenal de pruebas digitales y forenses. Este montaje probatorio se vio reforzado por los testimonios impactantes de tres mujeres, cuyas identidades se mantuvieron en el más estricto anonimato por razones de seguridad y privacidad. Estos testimonios buscaban no solo demostrar la premeditación en el horrendo asesinato de Sidney, sino también revelar los móviles ocultos detrás del crimen, que resultaron ser aún más perturbadores y siniestros de lo imaginado. Para sorpresa y consternación de todos los presentes en la sala, las testigos revelaron que AT lideraba una especie de secta, y ellas habían sido parte de ella. De acuerdo con sus relatos, el reclutamiento de nuevos miembros se realizaba a través de Tinder, utilizando a BW como un señuelo atractivo y seductor. Una de las testigos, una joven de 22 años, narró con detalle su experiencia personal. Explicó cómo conoció a BW a través de la mencionada aplicación de citas y cómo esta última la introdujo a su 'sugar daddy', AT. Le propusieron establecer un arreglo similar, donde la recompensa por aceptar ser "adoptada" por un 'sugar daddy' incluía manicuras, ropa de alta costura, dispositivos móviles, acceso a drogas y un sueldo semanal que oscilaba entre 150 y 200 dólares. Sin embargo, la historia tomó un giro aún más oscuro y desconcertante. La testigo dejó atónito al jurado al revelar que AT se autoproclamaba como un vampiro y afirmaba que ellas eran sus brujas, parte de su culto. Alegaba poseer poderes sobrenaturales, como la capacidad de volar y leer mentes. La testigo admitió que decidió unirse a su culto atraída por los beneficios que ofrecía, aunque estaba plenamente consciente de que todo era una farsa; él no era un vampiro real ni tenía habilidades para leer mentes. No obstante, AT demandaba un precio por sus "regalos": participación en orgías donde las mujeres debían referirse a él como "papi" y a BW como "mami". Además, se les imponían otros requisitos, como participar en sus estafas guardando el material robado, prohibición de relacionarse con otros hombres que no fueran AT, y la obligación de solicitar permiso para salir y reportar cada tres horas su ubicación y compañía. Un aspecto aún más sorprendente de sus testimonios fue la afirmación de que AT intentaba convencerlas de que, si empezaban a torturar o herir a personas, podrían adquirir poderes de curación y precognición, similares a los que él supuestamente poseía. Todas las testigos coincidieron en que AT hablaba con frecuencia sobre matar y desmembrar a alguien, aunque ninguna presenció tal acto. Aseguraron que abandonaron el culto antes del asesinato de Sidney. Sin embargo, tras el crimen, afirmaron que AT intentó ponerse en contacto con ellas para invitarlas a un viaje al casino. Rechazaron la invitación, presintiendo algo inquietante, y poco después se enteraron de que la policía estaba tras los pasos de AT y BW.

Como si el surrealismo del juicio no fuera ya suficiente con las declaraciones que afirmaban que AT era un vampiro poseedor de superpoderes, un giro dramático tuvo lugar en medio del proceso. Justo cuando un testigo estaba a punto de declarar, AT, en un acto de desesperación y teatralidad, se levantó abruptamente de su asiento. Con un grito resonante que retumbó en la sala, exclamó con vehemencia: "¡BW es inocente!", para acto seguido, en un gesto de autolesión impactante y perturbador, comenzar a apuñalarse el cuello repetidas veces con un objeto punzante que había logrado esconder. Ante la conmoción y el horror de los presentes, se tuvo que suspender inmediatamente la sesión judicial, ya que las heridas en el cuello de AT eran graves y necesitaban atención médica urgente. Fue llevado al hospital de emergencia, lo que provocó un inesperado paréntesis en el juicio. Ante esta situación, los jueces, decididos a no permitir más retrasos en el proceso judicial, optaron por iniciar la causa contra BW mientras AT se encontraba ingresado en el hospital. A diferencia del juicio de AT, plagado de dramatismo y acciones inusuales, el proceso contra BW fue mucho menos espectacular en cuanto a teatralidad, pero no por ello menos relevante. Había suficiente evidencia acumulada para incriminarla, incluyendo, de manera crucial, la presencia de su ADN en un guante de látex que fue encontrado junto a los desgarradores restos humanos de Sidney. Tras deliberar, BW fue declarada culpable y se enfrentó a la posibilidad de recibir la máxima pena: la muerte. En un intento desesperado por salvar su vida, el padre de BW rogó clemencia por "el bien de su hija". Sin embargo, el juez, tras considerar todas las circunstancias, decidió que la pena de muerte no era la sentencia adecuada en este caso particular, por lo que BW fue condenada a cadena perpetua sin posibilidad de libertad condicional. El turno de AT en el banquillo de los acusados fue igualmente impactante. Sus primeras declaraciones continuaron la línea de sus anteriores extravagancias dentro del juicio. Con una franqueza desconcertante, afirmó: "casi todo lo que dije antes fue mentira". Confesó haber atraído a Sidney a su casa con la intención de reclutarla para su supuesto culto de brujas. Sin embargo, cuando empezó a revelarle los detalles de este culto, notó por la expresión aterrorizada de Sidney que había cometido un error fatal. Según su relato, la reacción de Sidney desató en él un impulso violento: le amarró las manos y la llevó a su habitación, donde finalmente la ahorcó con un cable. "La maté por su reacción cuando le conté sobre el culto. Estaba convencido de que iba a ir a contárselo a otras personas", declaró AT, "rechazó mi estilo de vida y amenazó con exponerme, así que no tuve otra opción que matarla". El juez del caso, ante estas confesiones, no tuvo dudas sobre la depravación de AT y determinó que cumplía con todos los requisitos para ser declarado culpable y sentenciarlo a la pena de muerte. Ante la sentencia, AT respondió con una apatía escalofriante: "para ser honesto, no me importa lo que me suceda hoy". Durante el juicio, leyó una carta frente a la familia de Sidney, donde expresó: "No diré que lo siento, ya que sería un insulto para ustedes después de lo que les hice pasar, y no voy a pedir perdón, porque no creo que exista tal cosa. He hecho cosas terribles en mi vida, pero esto es lo único de lo que realmente me arrepiento.

Esta terrible historia llevó a los padres de Sidney a comprender profundamente los peligros que enfrentan las jóvenes hoy en día, especialmente la vulnerabilidad ante los riesgos de confiar en desconocidos en las redes sociales. En la ciudad de Lincoln, aquellos que tuvieron el honor de conocer a Sidney, siempre recordarán su generosidad desbordante y su bondad incondicional. Sidney, en su corta vida, mostró una empatía excepcional; en numerosas ocasiones, abrió las puertas de su hogar a personas sin techo, ofreciéndoles un refugio y un espacio cálido donde permanecer mientras buscaban solucionar sus problemas. Su corazón no toleraba la visión de alguien siendo maltratado o desprovisto de amor. Conmovidos por su legado, los padres de Sidney tomaron la iniciativa de crear una página de Facebook, inicialmente llamada "Finding Sydney ", que rápidamente acumuló más de 30.000 seguidores. Con el paso del tiempo, la página evolucionó para convertirse en "Celebrando a Sydney ", un espacio dedicado no solo a recordar a su hija, sino también a concienciar sobre los peligros de la trata de personas y los riesgos inherentes al uso de aplicaciones de citas como Tinder. Esta transformación de la página tenía un propósito claro: asegurarse de que la muerte de Sydney no fuera en vano y que su trágica historia pudiera salvar a otros de un destino similar. En este contexto de búsqueda de significado y prevención, Stephanie, CEO de una organización sin fines de lucro enfocada en la lucha contra la trata de personas, estableció un fondo de becas de $3,000 en memoria de Sidney. Este fondo está destinado a estudiantes de Nebraska que se enfoquen en estudiar criminología, seguridad en línea o trabajo social. Este proyecto no solo honra la memoria de Sydney, sino que también busca la prevención activa, visitando escuelas para educar a los jóvenes sobre los riesgos del tráfico humano, los peligros en las redes sociales y la importancia de establecer relaciones saludables. Para los padres de Sidney, aunque nada puede mitigar el dolor de perder a una hija de manera tan trágica, existe un consuelo en la idea de que su trabajo pueda contribuir a construir una sociedad más segura. Al ayudar a que los jóvenes estén más informados y preparados para enfrentar los riesgos del mundo moderno, sienten que están haciendo una diferencia significativa, previniendo que otras familias sufran la misma pérdida devastadora.

Figura 6. En el dibujo se pueden ver a los dos condenados.

Capítulo 02. Holden | USA | Grindr (intento de asesinato | relato corto)

El 19 de junio de 2020, en Lafayette, Louisiana, CS emprendió un oscuro camino criminal, explotando Grindr, una plataforma de citas por la comunidad gay y bisexual. CS, con maquiavélicas intenciones, estableció contacto con un hombre, cuya identidad se mantiene en resguardo, planeando su secuestro. Aunque los detalles de sus interacciones y la persuasión empleada en la aplicación están velados en misterio, es evidente que aquel encuentro fue orquestado con fines nefastos. Este primer intento, aunque finalmente frustrado por razones desconocidas, desnudó la psique perturbada de CS y su disposición para perpetrar violencia, eligiendo deliberadamente a individuos de un grupo demográfico concreto. Este acto, más que por sus intenciones abortadas, resalta por lo que revela acerca de la mentalidad y meticulosidad de CS en la ejecución de actos violentos. La utilización de Grindr destapa una premeditación alarmante y un enfoque calculado en un colectivo específico, lo que posteriormente sería determinante en la clasificación de sus actos como crímenes de odio. Este episodio del 19 de junio, aunque no culminado, es un testimonio escalofriante de la mente maquinadora de CS, un presagio sombrío de sus futuras transgresiones.

Figura 1. Fotografía de CS.

El día siguiente, el 20 de junio, CS intentó repetir sus pulsiones asesinas. CS había planeado meticulosamente este encuentro, con la intención subyacente de asesinar y desmembrar a Holden. Utilizando nuevamente Grindr, atrajo a Holden a una casa aislada. Holden, creyendo que iba a una cita, se encontró con CS. Este lugar había sido escogido específicamente por CS para llevar a cabo su plan sin interrupciones ni testigos. Una vez en la casa, CS sacó una pistola y ordenó a Holden que se pusiera esposas. Luego, comenzó su ataque, que incluyó estrangulamiento y apuñalamiento. CS infligió heridas graves a Holden, particularmente en sus muñecas y cuello. Las muñecas de Holden fueron cortadas hasta el hueso, una acción que refleja una brutalidad extrema. Holden necesitó atención médica extensa y un largo período de recuperación. Este incidente, junto con el intento fallido del día anterior, subraya la peligrosidad y premeditación de CS en sus actos delictivos.

Figura 2. Fotografías de la víctima del intento de asesinato Holden.

Según la confesión de CS, su intención era desmembrar a Holden. Sin embargo, después de infligir las heridas y creyendo que Holden estaba muerto, CS no pudo completar su plan. En este cambio de actitud, llamó al 911, expresando arrepentimiento y admitiendo que había arruinado su vida. Los oficiales de policía de Lafayette que llegaron a la escena encontraron a CS fumando un cigarrillo fuera de la casa. Cuando entraron a la casa encontraron a Holden desnudo y gravemente herido en una bañera, rodeado de herramientas que incluían un cuchillo, un pico de hielo, una sierra y un martillo. Holden fue llevado de urgencia al Lafayette General Medical Center, donde fue intubado y puesto en coma durante tres días.

Afortunadamente, sobrevivió, aunque con daños permanentes y severos. Antes de la llegada de los primeros auxilios, CS intentó ocultar sus crímenes borrando los mensajes que había intercambiado con Holden a través de Grindr. CS admitió haber hecho esto en un intento de "deshacerse de las cosas". Este acto fue un intento fallido de CS de eliminar cualquier rastro de su conexión con la víctima. Holden fue llevado de urgencia al Lafayette General Medical Center. Estuvo en coma durante tres días y permaneció hospitalizado durante casi un mes. Durante este tiempo, fue sometido a tratamiento intensivo, incluyendo respiración asistida. Posteriormente, Holden tuvo que someterse a terapia física para recuperar el uso de sus manos, que por fortuna los médicos lograron salvar. A pesar de los extensos daños, incluido el daño motor permanente en su mano izquierda, Holden trabajó para superar esta experiencia traumática. La hermana de Holden inició una campaña de GoFundMe para ayudar a pagar los gastos médicos y apoyar a su hermano a lo largo de su recuperación. La campaña recaudó más de $112,000, mostrando un significativo apoyo comunitario.

El caso de CS revela una mentalidad profundamente perturbadora y compleja. Las acciones de CS estaban impulsadas por lo que los fiscales federales describieron como una "fantasía asesina compulsiva". Esta fantasía no era un impulso o una urgencia espontánea; sino mas bien, una obsesión profundamente arraigada que CS había desarrollado con el tiempo. Estaba obsesionado con la idea de matar a hombres gay, una fijación que lo llevó a diseñar un detallado esquema de secuestro y asesinato, que finalmente llevó a cabo. La fascinación de CS con matar reflejaba en muchos aspectos al notorio asesino en serie Jeffrey Dahmer. Al igual que Dahmer, CS apuntaba intencionalmente a hombres gay. Su plan no era solo matar, sino también desmembrar a sus víctimas. En una escalofriante similitud con los crímenes de Dahmer, CS también tenía la intención de comer y preservar los cuerpos de sus víctimas. Este nivel de detalle en su planificación indica una clara patología psiquiátrica, donde el acto de matar estaba entrelazado con una necesidad de control, dominación y una forma perversa de posesión. La extensión de la planificación de CS es evidente en la forma en que utilizó Grindr como herramienta para identificar y apuntar a posibles víctimas. Este enfoque metódico y calculado para encontrar víctimas indica un alto nivel de premeditación y sugiere que sus acciones no fueron simplemente el resultado de impulsos violentos repentinos, sino más bien la culminación de una fantasía a largo plazo en desarrollo. La brutalidad del ataque de CS a Holden, donde lo esposó, estranguló, apuñaló e intentó desmembrarlo, enfatiza aún más la gravedad de sus fantasías compulsivas. No fue solo un acto de violencia; fue un acto que debía culminar en un espectáculo espantoso, algo sobre lo que CS había fantaseado y planificado en detalle. El hecho de que Holden sobreviviera al ataque es descrito como milagroso por el fiscal de EE. UU. para el Distrito Occidental de Luisiana.

El 29 de septiembre de 2022, CS, de 21 años, se declaró culpable ante el juez de un cargo de secuestro. Este acontecimiento fue un momento crucial en el caso que involucra a CS, quien utilizó la aplicación de citas Grindr y Snapchat para organizar la reunión con Holden. Los fiscales federales acordaron retirar los cargos de crimen de odio y otros contra CS cuando se declaró culpable el jueves, según muestran los documentos judiciales. A pesar de la gravedad de sus acciones, la sorprendente supervivencia de Holden fue destacada tanto por el asistente del fiscal general de la División de Derechos Civiles del Departamento de Justicia como por el fiscal del Distrito Occidental de Luisiana. Ambos enfatizaron la importancia de la accesibilidad y seguridad de Internet para todos los estadounidenses, independientemente de su género u orientación sexual. El caso de CS no solo arrojó luz sobre los peligros potenciales del uso de aplicaciones de citas, sino que también subrayó la violencia y el odio dirigidos contra la comunidad LGBTQ+. La sentencia máxima por el delito de secuestro es cadena perpetua, y CS enfrentaba una exposición adicional bajo las Pautas de Sentencia de EE. UU. si el tribunal de sentencia determinaba más allá de toda duda razonable que había seleccionado a la víctima debido a su género real o percibido u orientación sexual. La sentencia estaba programada para el 25 de enero de 2023.

El 25 de enero de 2023, CS, entonces de 21 años, de Lafayette, Louisiana, fue sentenciado a 45 años en prisión federal, condena que Holden celebro a través de sus redes sociales. Esta sentencia fue el resultado final de los procedimientos legales en su contra por el secuestro y el intento de asesinato de un hombre gay, lo cual fue parte de un esquema de crimen de odio dirigido a usuarios de Grindr. La sentencia fue una decisión legal significativa, que reflejaba la gravedad de los crímenes de CS. El tribunal consideró numerosos factores al determinar la sentencia, incluyendo el hecho de que CS había apuntado intencionalmente a su víctima y a otros hombres gay debido a su género y orientación sexual.

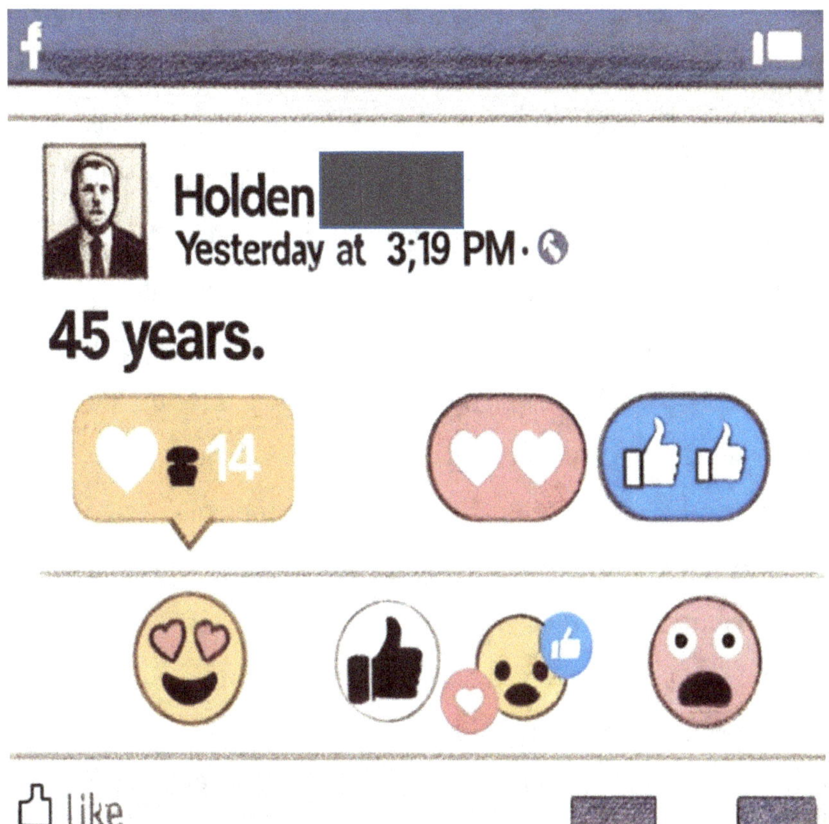

El caso de CS arroja luz sobre los extremos peligros que representan las personas que albergan fantasías violentas y específicas. Subraya la importancia de la vigilancia, tanto en el mundo digital como en la vida real, para proteger a las comunidades vulnerables de tales comportamientos depredadores. El caso también destaca la necesidad de continuar con los esfuerzos para identificar e interceptar a individuos que usan plataformas en línea para apuntar a víctimas, especialmente aquellas de comunidades marginadas que a menudo están en mayor riesgo de violencia dirigida. La sentencia de CS a 45 años en una prisión federal sirve como respuesta legal a sus atroces acciones, pero también se erige como un recordatorio impactante de los desafíos continuos en la lucha contra los crímenes de odio y la protección de los derechos civiles. El caso se ha convertido en un símbolo de la lucha contra la violencia dirigida a la comunidad LGBTQ+, reflejando problemas sociales más amplios de homofobia y el impacto peligroso que puede tener cuando se combina con tendencias patológicas individuales.

Capítulo 03. Najuzaith | España | Grindr

Najuzaith, antes Juan Manuel, se destacó como ingeniero de sistemas, graduado en la Universidad de Mayagüez, Puerto Rico. Sin embargo, su corazón latía al ritmo de la música y el arte, campos donde su espíritu hallaba su verdadera expresión. Tras obtener la ciudadanía española, cambió su identidad, reflejando así su transformación personal y artística. Sus obras, imbuidas de una melancolía introspectiva, exploraban los recovecos más oscuros del alma humana. Una de sus piezas más emblemáticas, creada en 2006, llevaba una frase que destilaba su percepción del mundo: "cuando nos damos cuenta de que nuestra alma es más oscura que la de los demás, en ella se plasma lo necesario para al menos contemplar el horror de estar vivos". A sus 23 años, Najuzaith ya había comprendido y plasmado en su arte la existencia de una sombra esquiva dentro de cada individuo, una parte ineludible de nuestra naturaleza humana.

A pesar de su formación académica en informática, "Naju", conocido así en el enigmático mundo de las redes sociales, se encontraba profundamente maravillado por el inmenso mundo del arte. Su fascinación se manifestaba en lienzos y píxeles, donde sus sueños tomaban forma, y se sumergía con pasión en el arte digital. Sus obras, descubiertas por aficionados al arte en los más escondidos rincones de Internet, desprendían un surrealismo cautivador y una profunda sensibilidad casi mística. Llegó a Madrid en 1998, escapando del calor asfixiante del sur de Puerto Rico, y se estableció en el barrio de Carabanchel. Durante su estancia en la vibrante capital española, "Naju" perfeccionó sus habilidades en diseño gráfico en la Universidad Politécnica de Madrid. Sin embargo, fue la música la que siempre ocupó un lugar especial en su corazón. Sus melodías, envueltas en belleza y melancolía, fluían naturalmente y se hacían eco en su canal de YouTube, donde hallaban un público apreciativo y receptivo.

Figura 1. Canal de Youtube donde Naju mostraba su talento musical al piano (https://www.youtube.com/channel/UCWO9H7sn-ISoOuVjTF1pT2w).

Najuzaith, un joven de 35 años, encontró su destino fatal en internet, un giro inesperado en su vida que nunca imaginó al primer contacto. Empezó con una simple conexión en Grindr, la renombrada aplicación de citas gay, donde su interés se vio capturado por un perfil intrigante. Decidieron encontrarse el jueves 22 de febrero de 2018, una noche que prometía nuevas experiencias. Sin compartir sus planes con amigos o familiares, Najuzaith invitó al hombre a su apartamento en Carabanchel, Madrid, buscando una conexión más profunda. Sin embargo, tras esa noche, se perdió todo rastro de él. La tragedia se reveló el sábado 24 de febrero: Najuzaith yacía sin vida en su hogar, en un barrio tranquilo de la capital española. Fue brutalmente asesinado post encuentro sexual. Su cuerpo presentaba entre 40 y 50 puñaladas, con una herida letal en el cuello, marcando un final trágico e inesperado a su historia.

Figura 2. Foto de Najuzaith.

Los amigos íntimos de Najuzaith, abrumados por el dolor, se encuentran perplejos al tratar de entender quién pudo haber cometido un acto tan atroz. Najuzaith, conocido por llevar un estilo de vida tranquilo y apacible, no daba indicios de estar implicado en situaciones problemáticas. Era definido por sus conocidos como una persona humilde y esforzada, sin antecedentes de conflictos. Tenía una relación sentimental estable y, aunque su carrera profesional estaba vinculada al mundo de la informática, sus verdaderas pasiones residían en el arte y la música. Su hermana reflejaba con orgullo los logros de Najuzaith a pesar de las limitaciones económicas de su familia: "Todo lo que mi hermano alcanzó en su corta existencia, lo consiguió con esfuerzo y tenacidad. Nuestros padres, de recursos modestos, no tuvieron la capacidad de asistirle en la consecución de sus sueños", expresó conmovedoramente.

El fatídico final de Naju cita empezó dos días antes del macabro hallazgo del cuerpo de Naju, específicamente el jueves 22 de febrero. Naju, sumido en la cotidianidad digital, abrió su aplicación de citas y estableció contacto con un joven. Acordaron encontrarse esa misma noche, sin sospechar el trágico desenlace que se avecinaba. El criminal, disfrazado tras un perfil ficticio en la red social, se presentó bajo el nombre de JO. En un momento incierto de la noche, desencadenó una furia incontenible sobre su víctima. Dos días después, el cuerpo de Naju fue descubierto, un hallazgo espeluznante propiciado por la inquietud de un amigo, alarmado por la ausencia de respuestas a llamadas y la inactividad en redes sociales, comportamientos inusuales que encendieron sus sospechas. Al irrumpir en su hogar, se topó con una escena dantesca: Naju, inerte en su cama, yacía boca abajo, su cuerpo ensangrentado mostraba las marcas de más de cincuenta puñaladas. Los médicos forenses, tras un minucioso análisis, determinaron que la herida fatal estaba ubicada en el cuello. Además, confirmaron un ensañamiento despiadado por parte del asesino, quien no cesó hasta ver a su víctima completamente exánime.

Los oficiales que hallaron el cadáver en la escena quedaron profundamente impactados por el estado del cuerpo en la vivienda. Era un jueves 24 de febrero del 2018, y los vecinos de la zona no tenían idea de lo que había ocurrido. En el interior, descubrieron el cuerpo desnudo y sin vida de la víctima en su cama. Observaron también la falta del teléfono móvil, presumiblemente sustraído por el asesino para impedir el acceso policial a posibles pistas en los mensajes. Sin embargo, JO, en su apuro, no se llevó otros dispositivos electrónicos que resultarían cruciales. Los detectives lograron acceder al ordenador portátil de Najuzaith, donde encontraron fotografías de todas las personas con las que se había encontrado, incluyendo a JO, cuya imagen aparecía en el último lugar de la galería del PC. Este descubrimiento fue clave para identificar al asesino. En las primeras etapas de la investigación, los detectives se centraron en las redes sociales y la actividad digital de Naju, un joven cuya presencia en línea era notablemente activa. El meticuloso examen de sus dispositivos tecnológicos permitió a la policía precisar la última vez que Naju fue visto con vida. Evidencias apuntaban a la noche del 22 de febrero, cuando Naju había acordado encontrarse con un hombre llamado JO, a través de la aplicación de citas 'Grindr'. Las grabaciones de las cámaras de seguridad del edificio donde vivía Naju confirmaron que JO, un joven argentino de 26 años residente en Madrid y estudiante de interpretación, había visitado su domicilio esa fatídica noche. Curiosamente, JO aparecía en las redes sociales de Naju, identificado como amigo. Sin embargo, a pesar de los fuertes indicios y conexiones establecidas, la policía española se encontró incapacitada para proceder con una detención inmediata. El sospechoso, hábil y previsor, había abandonado España tan sólo un día después del crimen. Tomó un vuelo a Perú, iniciando así una fuga que le llevaría a ocultarse lejos de las autoridades. Su siguiente destino fue un pequeño y remoto pueblo en Argentina, La Bombilla, ubicado en la provincia de San Miguel de Tucumán. En este lugar, JO logró mantenerse fuera del alcance de la justicia, escondiéndose efectivamente durante tres años. Mientras tanto, una orden de detención internacional fue emitida contra él, pero sus habilidades para evadir la captura resultaron ser notablemente efectivas. No obstante, el hábito de JO de mantener una activa presencia en redes sociales terminó siendo su perdición. A pesar de su astuta evasión, esta actividad digital continuada llamó la atención de las autoridades policiales, quienes finalmente lograron rastrear y ubicar su paradero.

Durante los 3 años que Juñián estuvo huyendo de la justicia española, intentó integrarse discretamente en la sociedad, ocultándose en una vieja propiedad de su familia en un pequeño pueblo, La Bombilla, situado en San Miguel de Tucumán. Sorprendentemente, JO no solo formó una nueva relación sentimental sino que también se aventuró a retomar su vida social, asistiendo a eventos y manteniendo una presencia activa en las redes sociales. Fue justamente esta imprudencia en las redes sociales lo que finalmente llevó a su captura. Los investigadores, en un esfuerzo constante por rastrearlo, analizaron minuciosamente tanto sus perfiles en redes sociales como los de sus familiares y conocidos. Gracias a las fotografías publicadas por su nueva pareja, los agentes lograron identificar un patrón en sus movimientos, descubriendo que JO frecuentaba una cafetería específica en la localidad. Con esta información crucial, la Policía argentina logró detenerlo en una operación nocturna meticulosamente planeada. El arresto de JO no solo puso fin a una larga búsqueda sino que también abrió la puerta a nuevos descubrimientos en la investigación. Los agentes recogieron muestras de ADN en el lugar de detención y las compararon con las pruebas recogidas en la escena del crimen en Madrid. El resultado de estas pruebas confirmó sin lugar a dudas la presencia de JO en la escena del crimen, vinculándolo directamente con el asesinato que había conmocionado a la comunidad años atrás. Con esta evidencia, la justicia podría finalmente cerrar un capítulo sombrío y llevar a JO ante la ley para enfrentar las consecuencias de sus actos.

El apodado por la prensa española como el "asesino del Grindr", se vio implicado en un homicidio tras ser identificado por ADN y cámaras de seguridad. Después de una extensa y detallada investigación, los expertos del Grupo V de

Homicidios de la Policía Nacional española lograron reconstruir minuciosamente la huida de JO. Escapando de España hacia Argentina, JO cruzó la frontera desde Bolivia de forma ilegal, con una alerta roja de Interpol pendiente sobre él. Al principio, se refugió en Buenos Aires, pero el temor a ser capturado pronto lo invadió. Eventualmente, decidió moverse a un lugar menos expuesto, su barrio natal en San Miguel de Tucumán, una región económicamente desfavorecida en el norte de Argentina. Allí, JO se escondió en tres viviendas diferentes, intentando pasar desapercibido. Tras una ardua búsqueda que duró tres meses, finalmente fue capturado por la División de Interpol de la Policía Federal Argentina. El arresto tuvo lugar en el barrio La Bombilla de Tucumán el 2 de septiembre de 2018. Esa fatídica noche, mientras caminaba por la calle Paraguay, una conocida zona de celebraciones en el asentamiento de La Bombilla, fue detenido. La Policía Federal Argentina actuó con rapidez y eficacia, y en la misma semana, la extradición fue aprobada por Fernando Poviña, el magistrado de San Martín de Tucumán a cargo del caso.

Ahora, cinco años después, en febrero de 2023, un destacado periodista español sacó a la luz los inquietantes audios de las confesiones del conocido 'asesino de Grindr'. En ellos, el acusado describe su vida en Chueca, una existencia marcada por noches continuas de fiesta y un desenfrenado consumo de drogas, elementos que nublaban su memoria impidiéndole recordar nombres o acontecimientos con claridad. Revela encuentros previos con su víctima, teñidos por una atracción mutua hacia juegos de naturaleza peligrosa y perversa, juegos que eventualmente los llevaron a experimentar con cuchillos. Durante uno de estos encuentros, el acusado reconoce haber perdido el control, causando heridas leves con un cuchillo en el cuello de su víctima. Esta acción desató la ira de la víctima, quien, sumida en un profundo enfado, intentó abandonar el apartamento. El acusado, sumergido en un estado de enajenación y confusión, admite que ocurrió una violenta confrontación, pero su relato se torna vago y fragmentado, incapaz de recordar con precisión los pormenores de aquellos momentos críticos: "Entonces, ahí pasó un torbellino, pero no sé exactamente lo que pasó. Yo estaba ido, loco totalmente. Tuvimos una pelea, entre bofetadas. Se cayó de espaldas, yo estaba temblando, en shock, tenía pánico. Y lo que recuerdo que hice es que intenté lavarme y vestirme" se escucha a JO declarar en los audios. Hay que recordar que Naju fue encontrado con más de 50 puñaladas en el cuerpo. El acusado, abrumado por el remordimiento, confesó que no ha habido un día en los últimos cuatro años en que no haya deseado morir por el alma de la persona a la que había matado. Criado en una familia profundamente católica, subrayó su constante oración por el alma de la víctima, lamentando amargamente los errores cometidos y atribuyéndolos a su adicción a sustancias nocivas. A pesar de sus plegarias y arrepentimiento, reconoce que nada de lo que haga podrá deshacer el daño irreparable causado por sus acciones.

Najú nació en el Barrio Tejas, del municipio costero de Yabucoa, en Puerto Rico. La zona fue azotada en septiembre de 2018 por el huracán María; fue la primera región afectada por aquel fenómeno meteorológico. Su familia lo vivió de primera mano. A día de hoy, la mayoría de los residentes en ese lugar aún se encuentran sin electricidad y con enorme dificultad para las comunicaciones. En su momento, la región fue declarada Zona de Desastre Federal. Desde el infortunado momento en que el joven Najuzaith fue hallado sin vida, su familia se ha embarcado en una incansable lucha por repatriar sus restos, sin importar el costo. En medio de una situación económica difícil, han solicitado la colaboración de la comunidad, pidiendo donaciones para cumplir con este último acto de amor. La respuesta no se hizo esperar: en apenas 24 horas de iniciar la campaña en redes sociales, lograron recaudar impresionantes 15 mil dólares. La huella artística de Najuzaith perdura en sus vídeos de YouTube, donde se le ve absorto en la creación de música electrónica. Ahora, sus redes sociales se han transformado en un espacio de homenaje y recuerdo, reflejando la esencia de un hombre querido por sus amigos, destacado por su laboriosidad y bondad. El 25 de marzo de 2018, poco más de un mes después de su asesinato, habría celebrado otro año de vida. En una vuelta inesperada de los acontecimientos, la Policía Federal Argentina logró detener al principal sospechoso del brutal asesinato de Naju. La hermana de la víctima, expresó, que a pesar de la detención, la familia aún no puede experimentar un verdadero alivio: "Hasta que no se dicte una sentencia, el dolor y la incertidumbre continúan", enfatizó.

La captura de JO en la provincia argentina de Tucumán marcó el final de su huida de la justicia española, iniciada el día del asesinato en Madrid del puertorriqueño Najuzaith, brutalmente ultimado con más de 50 puñaladas. Tras 1,288 días en fuga, JO fue aprehendido el 2 de septiembre de 2021. El proceso de extradición a España fue gestionado por el Juzgado Federal Nº 2 de Tucumán, bajo la dirección del magistrado Fernando Poviña, culminando con su llegada a Madrid el 13 de enero. El juicio de JO, conocido como el "asesino de Grindr", ha llegado a su conclusión. La Audiencia Provincial de Madrid lo ha condenado a 20 años de prisión por el asesinato de un hombre en 2018, al cual asestó 63 puñaladas tras un encuentro sexual. La sentencia destaca que el crimen fue cometido con alevosía y ensañamiento. Además, JO deberá indemnizar con 24.140 euros a la hermana de la víctima.

Figura 3. JO detenido por la Policía Federal Argentina

Este caso, donde se entrelazan la vida digital y el mundo real, resalta la relevancia y el impacto significativo de las redes sociales en las investigaciones contemporáneas. Ilustra de manera contundente cómo incluso los delincuentes más astutos pueden dejar huellas digitales inadvertidas, las cuales finalmente contribuyen a su detección y captura. Esta situación subraya la evolución de las técnicas de investigación criminal en la era digital, evidenciando que el mundo virtual es un terreno fértil para recolectar evidencias clave.

Capítulo 04. Grace | New Zeland | Tinder

Adentrémonos en una detallada exploración del caso de Grace Emmie Rose Millane. Este es la escalofriante historia de esta joven turista inglesa, cuyo viaje, impregnado de sueños y esperanzas, culminó en la más trágica de las realidades, su cruel asesinato. Nuestro relato comienza cuando Grace, en el epicentro de su aventura turística en Nueva Zelanda, entrelaza su destino con un desconocido a través de Tinder. La interacción entre Grace y este sujeto, marcada por la inocencia de quien ignora los peligros de la vida, desembocó finalmente en un acuerdo para encontrarse. La velada, inicialmente abundante en risas y bebidas, prometía ser el preludio de un encuentro lleno de pasión y posibilidades. Grace, con la ilusión de que este primer encuentro podría florecer en algo más íntimo, optó por seguir a este hombre hasta las puertas de su hotel, base de sus operaciones para sus conquistas en Tinder. Desafortunadamente, lo que prometía ser una noche de lujuria y quizás el nacimiento de un romance romance, se transformó en una pesadilla. En un giro trágico y desgarrador del destino, su vida fue brutalmente arrebatada por este hombre, quien, en un acto impensable, decidió ocultar su cuerpo en una maleta.

Un episodio de horror que sobrepasa toda comprensión. Este relato, más que una crónica, es un recordatorio de la fragilidad de la vida y de cómo un encuentro casual puede tener consecuencias inimaginables. La historia de Grace, marcada por su final trágico, resuena como un eco en las páginas de la crónica negra de Nueva Zelanda e Inglaterra. A pesar de sus astutos esfuerzos, el asesino no pensó en la presencia de cámaras de seguridad en los lugares que visitó con Grace. Fue así como, capturado por la incansable vigilancia de esa retina electrónica, el dramático desenlace del caso de Grace quedó inmortalizado en horas de grabaciones. Las imágenes, claras y contundentes, revelaron cada matiz de aquellos momentos decisivos, desentrañando los enigmas que envolvían la trágica suerte de la joven viajera.

Figura 1. Grace Emmie Rose Millane en su día de graduación.

Grace, una joven entusiasta de 21 años, nació el 2 de diciembre de 1996 en Wickford, Essex, Inglaterra. Con una reciente graduación en Publicidad y Marketing de la Universidad de Lincoln, decidió aprovechar su año sabático para embarcarse en una aventura mochilera. Este viaje, lleno de promesas y sueños, la llevaría por varios lugares del mundo. En septiembre de 2018, Grace expresó su impaciencia y alegría en Twitter al contar los días para el inicio de su aventura. Sus redes sociales se convirtieron en un diario visual de su entusiasmo, con emoticonos y gifs que anunciaban su partida hacia lo desconocido. Su primer destino fue Perú, donde comenzó su viaje explorando la rica cultura y paisajes de Sudamérica durante seis semanas. Luego, con el mismo espíritu aventurero, Grace se dirigió a Auckland, Nueva Zelanda, continuando su recorrido con la misma pasión y curiosidad, sin saber los giros que tomaría su destino en este lugar.

Al arribar a Auckland, ella, impulsada por el deseo de forjar nuevas conexiones y de la supuesta seguridad de un país occidental, decidió recurrir a la aplicación Tinder. En la búsqueda de un posible match con el que compartir, el 1 de diciembre de 2018, encontró a JS, un individuo fascinante, que fue criado únicamente por su padre debido a que su madre se fugó al extranjero para no voler. Grace y JS planificaron un encuentro en el Sky Center, un sitio emblemático en la vibrante metrópoli neozelandesa. Dominando el paisaje, la Sky Tower, visible desde distancias lejanas, era a menudo el epicentro de eventos significativos, y claramente, este lo era. Este lugar, concurrido y público, prometía un entorno seguro para su cita con un desconocido, bajo la discreta vigilancia de miradas anónimas. Al llegar JS, se reconocieron mutuamente con facilidad. Él la recibió con un cálido abrazo, y ella, con una sonrisa de complicidad y una actitud abierta y amigable. Luego de pasar allí un rato, se dirigieron a un lugar más privado, ideal para disfrutar de unos tragos y relajarse en un ambiente más íntimo. La velada concluyó en un famoso café de estilo bohemio. Este café ofrecía un ambiente acogedor donde continuaron conversando animadamente por aproximadamente una hora, intercambiando historias y risas, mientras se relajaban y tomaban confianza el uno con el otro.

Figura 2. Grace y JS llegando al café bohemio en Auckland.

Después de unos cafés y unas risas, emprendieron hacia su nueva parada, un emblemático bar en la zona de marcha de Auckland, un rincón melancólico que él solía frecuentar. El ambiente del bar, impregnado de una atmósfera nostálgica, fue el escenario perfecto para que la conversación fluyera con una sorprendente facilidad y naturalidad. Precisamente cuando el reloj marcaba las 8:40 p.m., JS, con una sutileza inquietante y casi teatral, deslizó su mano detrás de la cabeza de Grace. Con una delicadeza cargada de atrevimiento, atrajo su rostro hacia el suyo, sellando sus labios con un beso efímero que, a pesar de durar apenas un segundo, pareció detener el tiempo en aquel concurrido lugar.

Figura 3. Se observa a la izquierda de la imagen a Grace y JS besándose.

Grace, envuelta en un torbellino de emociones, parecía regocijarse en el hecho de que su cita se desarrollaba impecablemente según lo planificado. En un momento fugaz, mientras JS se disculpaba brevemente para ir a por unos tragos, ella aprovechó para enviar rápidamente un mensaje a su amiga, manteniéndola al tanto de cada giro y vuelco de la emocionante velada. Ya transcurrida una hora, la pareja, envuelta en una atmósfera de expectación palpable, se dirigió hacia el hotel de JS, un recinto de elegancia innegable situado en la emblemática Queen Street. JS, como un hábil estratega, había establecido su base en la habitación 503 de dicho hotel. Cerca de las 10 de la noche, llegaron a la entrada del hotel, entrelazados en un abrazo y risas apenas contenidas. Nada hacia suponer lo que a continuación ocurriría. Juntos, ascendieron en el ascensor, cuyas puertas se cerraron tras ellos, sellando su destino. Fue este momento, capturado por las cámaras del hotel, cuando fue última vez que se les vio juntos, un epílogo macabro a una noche que prometía ser inolvidable.

Figura 4. Grace entrando con JS en el hotel que se hospedaba.

Al amanecer del 2 de diciembre de 2018, a las 8:00 a.m., las cámaras de vigilancia del hotel capturaron una escena inquietante. JS, se adentraba en el elevador, con una mirada perdida que desconcertaba y sin ninguna acompañante. La pregunta que resonaba era, ¿dónde se encontraba Grace? Unos pocos minutos más tarde se le observó, con pasos apresurados, entrando a una tienda local. Allí adquirió una maleta de grandes dimensiones con gesto serio y decidido. Regresó al hotel, su andar era ahora más lento ya que cargaba con la maleta que acababa de comprar. Subió al elevador y entró en su cuarto, cuando no tardó en salir otra vez, esta vez su destino era supermercado cercano. Allí, seleccionó meticulosamente varios productos de limpieza, y alquiló una máquina de limpieza de alfombras, conocida como Rug Doctor, argumentando que necesitaba eliminar una mancha de vino tinto de su habitación.

Figura 5. JS comprando la pala que utilizaría para deshacerse del cuerpo de Grace.

Una hora transcurrió antes de que las cámaras lo captaran de nuevo, saliendo del cuarto con los productos de limpieza en mano. A las 10:25 a.m., las cámaras de seguridad grabaron a JS subiendo a un taxi. Su semblante revelaba nerviosismo, una extraña somnolencia se reflejaba en sus ojos. Poco después, se le vio en una agencia de alquiler de autos, y posteriormente regresó al hotel con un carro alquilado. En esta ocasión, pasó varias horas en el cuarto. No fue hasta las 2:53 p.m. que las cámaras registraron su salida del hotel, dirigiéndose a otra cita misteriosa. La pregunta persistía, implacable: ¿Dónde estaba Grace? JS había pasado tiempo con una joven a la que había conocido de nuevo a través de Tinder, permaneciendo con ella hasta las 5:43 p.m., cuando regresó al hotel. Finalmente, a las 9:30 p.m., las cámaras de seguridad revelaron una última imagen inquietante: JS saliendo del hotel, esta vez acompañado por la maleta que había comprado esa misma mañana.

Figura 6. Escena del crimen.

El escenario más inquietante ocurrió cuando JS salió del cuarto con la maleta que compró, maleta que extrañamente parecía apunto de reventar. Lo más inquietante, y que luego se sabría, es que en esa maleta iba Grace. JS, con frialdad calculada, había depositado esta macabra maleta en el vehículo que había rentado, dejándo la maleta y el carro allí en el mismo lugar hasta la madrugada del día siguiente. Al filo de las 6:50 a.m., JS, actuando con una aparente normalidad, ingresó a una tienda cercana y adquirió una pala. Era cerca de las 9:30 a.m. cuando llegó de nuevo al hotel, sorprendentemente descalzo y cargando una mochila. Las cámaras de seguridad, testigos silenciosas, capturaron su entrada al cuarto y, veinte minutos después, registraron su partida, vestido de una ropa diferente y llevando consigo una bolsa de basura. Ese día, JS repitió esta rutina en varias ocasiones, actividades que evocaban sospechas. Además, llevó a lavar el automóvil que había alquilado, quizás en un intento de borrar cualquier rastro de su delito. Resulta crucial destacar que, al día siguiente de su encuentro con JS, Grace habría celebrado su cumpleaños. Un detalle que, que añadía dramatismo a esta triste historia.

Figura 7. JS en el elevador donde supuestamente estaba el cuerpo de Grace.

Lo que él ignoraba era que la policía ya había iniciado una búsqueda exhaustiva de Grace. Los parientes de ella, alarmados por su inusual silencio en respuesta a los mensajes de felicitación de su cumpleaños, habían reportado su desaparición. Era especialmente preocupante, ya que Grace se encontraba en un país extranjero. La última vez que se supo de ella fue cuando se comunicó con una amiga durante la cita con JS. Días después, JS, ya habiendo hecho desaparecer el cuerpo de Grace, se dirigió al hotel como si fuera un día cualquiera, pero se topó con un operativo policial inesperado. Al intentar abandonar el lugar discretamente, fue avistado y detenido por la policía un 8 de diciembre a las 3 de la tarde.

Durante la primera entrevista, JS, con una mezcla de indiferencia y astucia, admitió haberse encontrado con Grace. Narró con detalle cómo pasaron un rato sumergidos en conversaciones triviales y copas de licor, para posteriormente irse cada uno a su hotel. Sin embargo, lo que JS no anticipó fue el ojo invisible de las cámaras de seguridad, las cuales habían capturado cada movimiento de la pareja y de JS por separado, siendo así una evidencia irrefutable. La pregunta que resonaba ahora, con una mezcla de miedo y angustia era, ¿qué pasó con Grace? El 9 de diciembre de 2018, a las 4 de la tarde, en un escenario que parecía sacado de una novela de intriga, Grace fue encontrada en una maleta abandonada a unos 19 kilómetros al oeste del bullicioso centro de Auckland. Su cuerpo yacía en una tumba superficial, oculta entre los matorrales de un área boscosa, un paisaje que contrastaba con la brutalidad del acto. La trágica escena fue descubierta por las autoridades una semana después de su desaparición, dejando una estela de conmoción y preguntas sin respuesta. En el juicio que se sucedió, la historia tomó giros aún más oscuros. Tres mujeres, que también habían conocido a JS a través de Tinder, se presentaron como testigos. Sus testimonios revelaron un patrón perturbador en el comportamiento de JS, ya que mostraba cierta predilección por prácticas sexuales extremas tales como el masoquismo y el bondage, y una inclinación hacia el peligroso juego del ahogamiento. El equipo de defensa de JS presentó una narrativa acorde con estos testimonios. Alegaron que la muerte de Grace fue el trágico desenlace de un encuentro sexual extremo y consensuado, describiéndolo como una 'desventura' en el ámbito de lo íntimo.

El juicio, que se extendió durante tres intensas semanas, se llevó a cabo ante un jurado meticulosamente seleccionado, compuesto por siete mujeres y cinco hombres de diversas procedencias. Durante el transcurso del juicio, la figura del acusado fue delineada con trazos oscuros y siniestros; fue descrito como un auténtico 'sociópata', cuyas acciones desencadenaron una serie de situaciones incómodas y alarmantes para varias mujeres que tuvieron la mala suerte de conocerlo o de interactuar con él a través de la aplicación de citas Tinder. JS, por su parte, admitió su implicación en los hechos, aunque alegó que todo había sido un accidente, una justificación que el juez desestimó de inmediato. Tras un proceso judicial marcado por argumentos contundentes y deliberaciones meticulosas, el 22 de noviembre de 2019, el jurado emitió un veredicto unánime de culpabilidad, tras cinco horas de intensa deliberación. El desenlace de este proceso judicial se produciría el 2 de febrero de 2020, cuando JS fue sentenciado a una pena que sorprendentemente solo ascendía a 17 años de cárcel. Esta sentencia, percibida por muchos como desproporcionadamente indulgente, ha suscitado un intenso debate y una profunda indignación en la opinión pública, especialmente entre aquellos que consideran que la gravedad de sus actos merecía una condena mucho más severa.

Figura 8. JS sentado en el banquillo de los acusados.

En cuanto al desenlace de Grace, el 10 de enero de 2019, una multitud se congregó en la majestuosa catedral de un condado de en Essex, Inglaterra, para rendir un último homenaje a Grace. En medio del solemne silencio, roto solo por los susurros de condolencia, la madre de Grace se dirigió a los presentes con un corazón desgarrado: "Estoy absolutamente desconsolada. Al arrebatar el futuro de mi hija, nos han privado de incontables momentos juntos que anhelábamos", expresó con voz temblorosa. Las lágrimas fluyeron libremente mientras añadía: "El dolor de no poder despedirme de mi querida Grace es una herida que jamás cicatrizará", sus palabras resonaban con un peso insoportable en el aire. Después de una pausa, cargada de un silencio lúgubre, la madre de Grace adoptó un tono más firme, casi implorando: "Aprendamos todos de esta tragedia inimaginable. Cada vez que se acceda a una aplicación de citas, es crucial ser conscientes de quién está al otro lado. Siempre encuentren en lugares públicos y no depositen su confianza tan precipitadamente. El mundo está infestado de personas con intenciones oscuras y nunca se sabe a quién se puede encontrar. Aunque muchos intentarán mostrar su mejor versión, a veces es sabio mantener una distancia prudente. Les suplico, sean cautelosos en cada paso que den...", su voz, un eco de advertencia y súplica, instaba a la precaución en un mundo cada vez más impredecible.

Capítulo 05. Kevin | USA | Grindr

En el crepúsculo del año 2019, específicamente en diciembre, Kevin, un peluquero de veinticinco años de edad, emprendió su camino desde la comodidad de su hogar situado un idílico suburbio en las inmediaciones de Flint, Michigan. Su destino era un encuentro con una persona que había conocido a través de la aplicación Grindr. Kevin, un hombre de presencia excéntrica y llamativa, no pasaba desapercibido en las multitudes, superando los seis pies de altura con una constitución física robusta e imponente. Era ampliamente reconocido en su comunidad por su singular y audaz sentido de la moda, que incluía el uso frecuente de bolsos de diseño y prendas de alta costura.

Figura 1. Foto de Kevin.

Su trayectoria hacia el lugar del encuentro transcurría por paisajes contrastantes: desde tiendas de bajo costo, bares de reputación dudosa y centros comerciales, hasta llegar finalmente a un famoso *mall* americano. Este gran centro comercial tenía un significado especial para Kevin, pues fue allí donde inició su carrera como recepcionista en la tienda JC Penney, antes de ascender a la posición de estilista. Para él, el estilismo era más que un trabajo; era una vocación apasionada. Ya desde sus días en la escuela secundaria, se dedicaba a experimentar con nuevos peinados en sus amigas. A pesar de que en ocasiones mostraban reticencia cuando él se aventuraba en estilos más experimentales, Kevin acumuló suficiente experiencia como para atreverse a peinar no solo a hijos de amigos, sino también a su propio compañero de habitación. Contrario a los deseos de su padre, un ingeniero en el ámbito del diseño de empaques, que aspiraba a que Kevin siguiera una carrera más técnica, él se inclinó decididamente hacia el estilismo, generando discrepancias familiares evidentes. Aquella noche, tras haber pasado la tarde en el salón de belleza frente a su domicilio, arreglando el cabello de su madre y hermana, Kevin decidió no asistir a una cena familiar, al enterarse de la presencia de una persona con la que prefería no encontrarse. Buscando una distracción de sus problemas familiares y de su descontento en general por su lugar de residencia, lugar que consideraba anticuado y limitante, recurrió a Grindr. Sus amigos, incluyendo a su amiga y compañera de habitación, Michelle, comentaron que no era inusual que Kevin hablara abiertamente sobre sus relaciones casuales y utilizara el sexo como un escape de sus problemas cotidianos. Estas interacciones casuales eran para él una válvula de escape, un modo de distanciarse temporalmente de la realidad que lo agobiaba y de un entorno que sentía restrictivo y poco inspirador.

De acuerdo con los relatos de sus amigos, Kevin padecía una profunda depresión y severos problemas de autoimagen, lo que en ocasiones lo llevaba a autolesionarse. Este comportamiento se manifestaba en ciclos de ayuno extremo seguidos por episodios de ingesta compulsiva, además de autolesiones en brazos y piernas. Un incidente particularmente alarmante ocurrió tras ver la película "A Star Is Born" en octubre de 2018, desencadenando una sobredosis que requirió hospitalización. Solo un mes después, su madre lo llevó de urgencia al hospital, temiendo por su seguridad. En noviembre de 2019, Kevin volvió a autolesionarse de manera grave, lo que lo motivó a buscar tratamiento psiquiátrico dos semanas más tarde. Una estrategia recurrente de Kevin para afrontar su depresión era buscar nuevas conexiones amorosas a través de aplicaciones de citas. Según un amigo cercano, Kevin ansiaba desesperadamente sentirse amado y aceptado, en especial por otros hombres, razón por la cual recurrió con frecuencia a estas plataformas. Otra amiga íntima, recuerda haberlo visto profundamente afectado a finales de 2019, tras el fin de una relación sentimental. Durante ese año, Kevin tuvo que ser llevado dos veces a un hospital psiquiátrico por sus amigos. La ruptura de esta relación lo había dejado visiblemente trastornado y con un deseo desesperado de escapar de sus intensos sentimientos de soledad y desesperanza. Su amigo expresó que la lucha de Kevin con su salud mental se agravó notablemente tras este evento, reflejando una profunda necesidad de apoyo emocional y comprensión en su vida. La historia de Kevin es un testimonio conmovedor de la lucha contra la depresión y la búsqueda incansable de aceptación y amor en un mundo moderno complicado y a menudo incomprendido.

En la víspera de Nochebuena, Kevin, tras volver a su apartamento compartido con su compañero de cuarto, decidió explorar la posibilidad de una cita en línea. Mientras conversaba con su rommie sobre sus planes para la noche, tuvo un match en línea con alguien cercano y partió poco después de las 5 p.m., siendo su salida registrada por la cámara de timbre del apartamento. Desafortunadamente, ese momento marcó su última presencia en su hogar. La inquietud se intensificó al día siguiente, cuando Kevin no apareció para el desayuno de Navidad con su familia, lo que impulsó a su padre a alertar a las autoridades. Durante los siguientes tres días, amigos, familiares y la policía se lanzaron a una búsqueda exhaustiva. Los medios locales empezaron a cubrir los esfuerzos de búsqueda, extendiéndose a áreas como vías férreas, zonas de arbustos y granjas en las localidades vecinas. Todos los que conocían a Kevin mantenían la esperanza de encontrarlo, aunque con un creciente temor a enfrentarse a un desenlace trágico. Su desaparición generó una oleada de preocupación y movilización en su comunidad, reflejando la angustia y el impacto emocional que estas situaciones generan en los seres queridos.

Mientras la comunidad buscaba incansablemente en campos abiertos, la realidad era que Kevin yacía oculto y en condiciones atroces: estaba atado en el sótano de una cabaña de piedra en una zona rural, a unas 20 millas de la ciudad, con la garganta cortada. El sospechoso de este macabro acto era su cita, MH, quien no tardó en confesar el crimen. Los detalles del asesinato de Kevin superaron las peores pesadillas de sus seres queridos. Este caso captó la atención de los medios, tal vez debido a los detalles perturbadores o al perfil previamente conocido del acusado. El asesinato se difundió ampliamente en los medios internacionales, y se descubrió que Kevin no era la única víctima de MH, sino la tercera en una serie de ataques anteriores. El 10 de octubre de 2019, James, un hombre de 48 años, se encontró en una situación similar después de haber sido secuestrado y encerrado en un sótano. James narró cómo conoció a un hombre, conversaron y tomaron un refresco, pero luego despertó encadenado. Con astucia, logró liberarse usando un cuchillo de carnicero y escapó con las llaves del coche de su captor. Aunque profundamente impactado por la experiencia, James no presentó cargos en ese momento. Sin embargo, en junio de 2020, decidió demandar a MH, revelando que había viajado desde Nueva York hasta Michigan específicamente para encontrarse con él, pero terminó siendo retenido contra su voluntad. Seis semanas después del incidente con James, el 25 de noviembre, otro hombre de 29 años logró escapar de la casa de MH. Este hombre, aterrorizado, huyó llevando una falda de cuero que pertenecía al captor. Mientras corría por su vida, llamó al 911, explicando que había sido atado en el sótano y que MH lo perseguía. Poco después, en un incidente igualmente inquietante, otra víctima corrió a la casa de un vecino buscando ayuda y llamó al 911. A pesar de la angustia evidente y las acusaciones de estar encadenado y retenido, la policía no tomó medidas serias, y nadie parecía dispuesto a involucrar a las autoridades. La policía estatal, por su parte, restó importancia a la gravedad del incidente, atribuyendo la persecución al valor de un kilt de cuero supuestamente robado. Estos sucesos revelan una serie de errores y omisiones críticas en la respuesta de las autoridades, lo que contribuyó a un desenlace trágico. El caso de MH no solo pone de manifiesto la brutalidad de sus actos, sino también las deficiencias en el sistema de justicia y seguridad que permitieron que tales crímenes continuaran sin ser detenidos a tiempo.

Figura 2. Foto del asesino MH.

Oficiales de la policía estatal explicaron su incapacidad para actuar en los incidentes mencionados debido a que las víctimas no presentaron cargos. Atribuyeron esta falta de acción a un posible deseo de mantener en secreto lo ocurrido esa noche. Un ex teniente de la policía estatal de Michigan, en enero de 2020, destacó cómo a menudo las personas prefieren mantener separadas sus vidas profesional y personal. Uno de los abogados de una de las víctimas, desafió esta explicación, sugiriendo que el tratamiento de las autoridades habría sido diferente si su cliente no hubiera sido un hombre gay. Se argumentó que una investigación más rigurosa y un seguimiento básico por parte de la policía podrían haber alterado significativamente la situación, posiblemente salvando la vida de Kevin. Los amigos de Kevin concuerdan, cuestionando por qué MH no fue interrogado en ese momento y si el hecho de que los involucrados fueran hombres homosexuales participando en actividades en un sótano afectó la decisión de la policía. También se sugirió que la reacción policial podría haber sido diferente si una mujer hubiera estado involucrada en circunstancias similares. Este caso resalta preguntas importantes sobre la respuesta de la policía en situaciones que involucran a miembros de la comunidad LGBTQ+ y cómo las percepciones de género y orientación sexual pueden influir en las decisiones de las autoridades.

El 27 de diciembre de 2019, la policía llegó a la residencia de MH, quien les abrió la puerta vestido con un kilt de cuero, mostrando una calma inusual. Autorizó a las autoridades a inspeccionar su hogar, donde descubrieron el cadáver de Kevin colgado en el sótano. MH confesó prontamente su crimen, detallando escalofriantes planes para utilizar partes del cuerpo de su víctima. Se le imputaron cargos de homicidio y mutilación de un cadáver, y aunque inicialmente se identificó con un nombre falso, eventualmente reveló su verdadera identidad. MH, antes de su arresto por el presunto asesinato y canibalismo de un joven, llevaba una vida que parecía normal y exitosa. Graduado en 1991, trabajó para un agran empresa de productos químicos americana Chemical y obtuvo un posgrado en química. A pesar de su éxito profesional, su salud mental comenzó a declinar, con diagnósticos de depresión severa y esquizofrenia paranoide. Su ex esposa, tras el divorcio en 2013, expuso su resistencia a tomar medicamentos y su conducta errática, incluyendo amenazas a las mascotas de sus hijos. En un esfuerzo por lograr una evaluación psiquiátrica para su cliente, el abogado de MH resaltó su desconexión de la realidad y su obsesión con teorías conspirativas. Al principio, MH afirmó que Kevin había solicitado ser asesinado, lo cual realizó cortándole el cuello. Sin embargo, hay evidencia que sugiere que Kevin buscaba asegurarse de su seguridad, como mensajes en su teléfono solicitando confirmación de su bienestar. El abogado de MH, intentó añadir un cargo de suicidio asistido para apoyar esta versión, pero el juez desestimó la solicitud.

En enero de 2020, el abogado de MH interpuso una declaración alegando demencia en nombre de su cliente. Posteriormente, en febrero, un juez determinó que MH no estaba en condiciones de enfrentar un juicio. Sin embargo, en octubre, esta decisión fue revocada por la corte, que lo declaró apto para ser juzgado. El juicio de MH, previsto para iniciar en julio de 2021, podría resultar en una sentencia de cadena perpetua. Desde la desaparición de Kevin, se han reportado al menos dos casos adicionales de muertes de hombres tras usar aplicaciones de citas, incluyendo un perturbador incidente en Berlín donde un maestro supuestamente cometió actos de canibalismo con alguien conocido a través de Grindr. Estos casos subrayan la importancia de la seguridad en una era donde los encuentros anónimos son tan accesibles como peligrosos, destacando la necesidad de precaución en el uso de estas aplicaciones de citas.

Un representante de Grindr, en un comunicado enviado por correo electrónico, expresó una profunda consternación y horror ante la trágica pérdida de Kevin, extendiendo sus más sinceras condolencias a la familia y amigos afectados por este suceso. Aunque no pudo ofrecer detalles específicos debido a políticas de privacidad y no comentó sobre las interacciones individuales de las cuentas con la ley, reiteró el firme compromiso de la compañía para colaborar con las autoridades en cualquier investigación pertinente. Este triste acontecimiento subraya la importancia crucial de la seguridad en las aplicaciones de citas, enfatizando la necesidad de proteger a los usuarios de posibles amenazas en línea, incluyendo el encuentro con individuos peligrosos. La empresa, consciente de su responsabilidad, reafirma su dedicación a implementar medidas efectivas para garantizar un entorno seguro en su plataforma, y continuar mejorando sus protocolos para prevenir tragedias futuras.

Capítulo 06. Sharma | India | Tinder (relato corto)

En el gélido mes de febrero de 2018, dos almas errantes se encontraron en el vasto mar de Tinder, un reino digital renombrado por tejer conexiones efímeras y románticas. Sharma y PS, s guiados por los hilos del destino, quedaron entrelazados a través de la tecnología en una hostoria de pasión y terror. La historia de Sharma se tiñe de tragedia, en un capítulo marcado por el engaño, el secuestro y el asesinato en Jaipur, India. PS, en complicidad con DK y LW, se enfrentó a la justicia, condenados a cadena perpetua por su papel en este crimen. En el enigma de las citas online, el comó se presentan los usuarios, a menudo oscila entre la realidad y la ficción. Varios informes sugieren que en su juego de cambio de identidad en Tinder, Sharma se transformó en un adinerado personaje llamado 'Vivan Kohli'. Esta alteración de identidad posiblemente fue el detonante de los posteriores y trágicos acontecimientos, ya que la supuesta opulencia desencadenó expectativas y percepciones sobre sus riquezas. Rodeados de misterio, las conversaciones de su primer encuentro en la realidad, tras tres meses de intercambio de palabras e imágenes, quedan ocultos. En mayo de 2018, decidieron encontrarse, pero los pensamientos y acuerdos de ese momento permanecen velados, ausentes en los relatos detallados.

Sharma se convirtió en la víctima de un siniestro plan de PS. Ella, junto a DK y LW, secuestraron a Sharma, manteniéndolo cautivo en un apartamento en Bajaj Nagar. Iniciaron un chantaje que escaló rápidamente a un secuestro. Los secuestradores exigieron un rescate de alrededor de 13,500 dólares, de los cuales la familia de Sharma consiguió pagar 4,000. PS y sus secuaces también extrajeron otros 267 dólares usando la tarjeta de débito de Sharma. Al darse cuenta de que Sharma no era tan rico como aparentaba, y temiendo ser descubiertos, optaron por asesinarlo. Sharma fue asfixiado y apuñalado hasta la muerte, su cuerpo desmembrado y ocultado en una maleta. Este espeluznante descubrimiento destacó la crueldad del delito. La historia de PS se adentra en las sombras del crimen. Originaria de Pali, se trasladó a Jaipur con sueños académicos, pero la adversidad financiera y el distanciamiento familiar la empujaron hacia un sendero tenebroso. Junto a DK, ideó esquemas para explotar hombres acaudalados a través de Tinder. Su involucramiento en el comercio sexual y la creación de un sitio web pornográfico para atraer a estos hombres marcó su transición a la criminalidad. El asesinato de Sharma fue el punto álgido de esta decadencia, impulsada por la codicia y la desesperación.

Figura 1. PS izquierda y Sharma derecha.

La exhaustiva investigación de la policía, que incluyó el análisis de registros de llamadas y otras evidencias, llevó al esclarecimiento del crimen y la eventual condena de PS y sus asociados. El tribunal encontró pruebas sustanciales contra los acusados, condenándolos bajo varias secciones del Código Penal Indio, incluyendo asesinato, conspiración criminal y confinamiento ilegítimo. Durante el juicio, los detalles del caso presentaron una imagen oscura de los eventos que llevaron a la muerte de Sharma. Tras un examen exhaustivo de las pruebas y testimonios, el tribunal dictaminó una sentencia de cadena perpetua para los acusados, reflejando la gravedad de su crimen.

Figura 2. PS, y uno de sus compinches arrestados.

La fiscalía proporcionó evidencia suficiente para autenticar estos hechos, incluyendo el secuestro de Sharma, la demanda de un rescate a su familia y su posterior asesinato cuando la familia no pudo pagar la suma exigida. Los acusados utilizaron la tarjeta de débito de Seth para retirar dinero de un cajero automático en Jaipur. Posteriormente, temiendo ser capturados, asesinaron a Seth, desmembraron su cuerpo y deshicieron de los restos en una maleta en una carretera en Delhi. Este caso nos deja una lección importante y es que pretender ser quienes no somos en las redes, sobre todo "fake rich" puede atraer atención no solo de posibles parejas, sino también de posibles delincuentes que pretendan sacar provecho de la situación. Es por ello, muy importante, no solo de saber con quién se queda, sino de demostrar la identidad que uno es, ya que sino se corre el riesgo de caer en las redes de la delincuencia.

Capítulo 07. Valentina | Colombia | Tinder

La historia de Valentina se despliega como un sombrío recordatorio de los peligros potenciales en la búsqueda del amor a través de aplicaciones de citas. Este relato es el de una joven cuyo destino se vio abruptamente truncado por una relación que comenzó en el mundo virtual y que, lamentablemente, fue precipitada hacia una realidad trágica. Valentina, originaria de Bogotá, Colombia, nació en diciembre de 1999. Tras concluir su educación secundaria, guiada por su hermano Daniel, dio sus primeros pasos en el mundo de la música electrónica alentada por quien sería su mánager. Se formó como DJ en una prestigiosa academia bogotana conocida como "DJ Academy". Su carrera profesional despegó rápidamente, y Valentina se convirtió en una figura habitual en los clubes más elitistas de la metrópolis, colaborando con íconos internacionales del calibre de Dimitri Vegas, Like Mike, Steve Aoki, entre otros. Su talento le abrió puertas a nivel internacional, actuando en festivales de renombre y realizando giras por países como Chile y su natal Colombia. Su habilidad y carisma le valieron el reconocimiento en los Colombia Dance Awards, donde fue honrada con el premio a la mejor DJ amateur en 2019. Estos premios, establecidos desde hace más de una década, celebran el talento de los DJs más destacados de Colombia. Desde su base en Bogotá, Valentina compartía su vibrante vida y carrera a través de una miríada de publicaciones en redes sociales, capturando la atención de más de 15 mil seguidores solo en Instagram, una prueba de su creciente influencia y popularidad en el escenario musical. El horrendo crimen de Valentina ha causado consternación nacional y un profundo impacto en el ámbito de la música electrónica.

Valentina, una vibrante artista de tan solo 21 años, encontraba en sus perfiles sociales un escaparate para compartir las imágenes y vivencias de cada evento en el que dejaba su huella musical. No solo sus actuaciones en vivo, sino también sus viajes enmarcaban una vida llena de movimiento y color. Antes del inesperado y trágico final de su trayectoria, visitó destinos icónicos de Colombia como Medellín y Cartagena, ciudades que resuenan con el eco de su energía y pasión. Además, es de público conocimiento que su más reciente set musical fue alojado en SoundCloud, disponible para su audiencia tres meses antes de que su vida fuera abruptamente interrumpida. Este último trabajo, como los que lo precedieron, servía como testimonio de su talento y la promesa de una carrera en ascenso.

Figura 1. Valentina era una DJ colombiana de 23 años de edad.

En los albores de enero de 2022, Valentina entabló conexión en Tinder con JP, un estadounidense de 33 años, residente en Texas, quien se desempeñaba como empresario en el sector del entretenimiento. La curiosidad mutua los llevó a intercambiar perfiles de Instagram para conocerse más profundamente. A pesar de la brecha idiomática, pues Valentina apenas contaba con 21 años y no dominaba el inglés, la pareja superó las barreras comunicativas mediante el uso de una aplicación de traducción de voz. Tras forjar un vínculo inicial en las redes sociales, JP extendió una invitación a Valentina para unas vacaciones conjuntas, aún sin haberse encontrado cara a cara. Acordaron reunirse en México, un encuentro que Valentina relató con entusiasmo en sus redes, aunque en las imágenes solo se le viera a ella disfrutando de los atractivos turísticos del país. No obstante, aquel viaje solo marcó el inicio de una serie de visitas, ya que JP retornaría en dos ocasiones más a Colombia. Estas visitas estuvieron caracterizadas por la extravagancia y no pasaron inadvertidas en el entorno de Valentina: *"Mi hija conoció a JP a través de la aplicación Tinder, más o menos a comienzos del año pasado. Luego, continuaron hablando por redes sociales y él vino a visitarla, más o menos, en el mes de mayo. Para su cumpleaños, la invitó a México. Viajaron juntos, compartieron momentos y él siguió visitando Colombia para salir con ella. Fueron a Montserrat juntos y, el año pasado, él también conoció a su familia, es decir, a sus hermanos y a mí, con quienes mi hija vivía*", dijo Laura, la mamá de Valentina.

JP emprendió su tercera visita a Colombia en enero de 2023, llegando a la terminal internacional del Aeropuerto El Dorado en Bogotá. Su objetivo era elevar su relación con Valentina a una etapa más seria, planeando convivir juntos en un apartamento. A pesar de las numerosas discusiones generadas por los celos de JP y su desagrado por el ambiente de la vida nocturna en la que Valentina trabajaba como DJ, ese día iniciaron la mudanza en un auto que JP había alquilado previamente. Trasladaron las pertenencias de Valentina desde el hogar materno hasta el departamento 801 en conjunto residencial de un lugar exclusivo en el norte de Bogotá. Este apartamento fue alquilado por JP inicialmente por tres días, con la posibilidad de prolongar su estadía permanentemente. Luego del traslado, las cámaras de vigilancia captaron a la pareja saliendo del complejo a las 9:46 p.m. del viernes y regresando cuatro horas más tarde, alrededor de las 2 a.m. del sábado.

Posteriormente, salieron nuevamente cerca de las 3:50 a.m. y volvieron aproximadamente a las 7 a.m., después de que Valentina tuviera una actuación en un club nocturno de la ciudad. Conforme a los registros de seguridad del local, Valentina y JP partieron hacia el apartamento a las 6:51 a.m. con el propósito de descansar durante el día. En la jornada del sábado, Valentina mantuvo comunicación con su hermano menor alrededor del mediodía y posteriormente contactó a su íntima amiga, Silvana, para enseñarle el apartamento donde había empezado a vivir recientemente. La evidencia sugiere que la pareja permaneció en reposo hasta las 12:00 p.m. de ese mismo día. Los registros de los investigadores indican que fue a esa hora cuando JP se dirigió a la recepción del edificio para recoger un paquete. Las fuentes del edificio no reportaron comportamientos inusuales por parte de ninguno de los dos. Un análisis de los vídeos de seguridad reveló que la última vez que se vio a Valentina con vida fue la noche del sábado 21 de enero a las 10:43 p.m. En las imágenes se distingue a Valentina utilizando su teléfono celular para grabar a JP.

Figura 2. En la imagen superior se puede comprobar como Valentina estaba dentro del eduficio a las 10:43 p.m.; mientras que en la imagen central se visualiza como JP Poulus es quien sale del apartamento con una maleta que, al parecer, está cubierta con una manta. Posteriormente, en la última imagen se ve claramente como JP introduce las maletas en el maletero de un carro. De acuerdo con la investigación, ahí lleva el cuerpo de Valentina. Este auto gris era el mismo con el que JP había ido a recoger a Valentina el viernes 20 de enero.

El desgarrador descubrimiento del cuerpo de Valentina se produjo pocas horas después de su muerte, cuando un reciclador local encontró una maleta azul en un contenedor de basura. Alarmado al ver una cabeza que sobresalía de la maleta, en un barrio de Bogotá no lejos del Aeropuerto Internacional El Dorado. El reciclador no tardó en alertar a las autoridades sobre el macabro hallazgo. Esa misma mañana, la madre de Valentina, fue sacudida por la impactante y devastadora noticia de la muerte de su hija, comunicada por un amigo cercano de la familia. A pesar de la incredulidad inicial, pensando que podría ser una cruel broma o una confusión, y aferrándose a la esperanza de que su hija estuviera a salvo y contenta viviendo con su novio, la realidad se hizo cada vez más evidente. El amigo insistió en la veracidad de la información, que había sido confirmada directamente por la policía después de ser alertados por el reciclador. Laura comenzó frenéticamente a enviar mensajes a su hija, mientras otro de sus hijos también intentaba ponerse en contacto con ella. Con el paso de las horas, y sin respuesta, la terrible verdad comenzó a asentarse. La sospecha cayó rápidamente sobre JP, el novio estadounidense de Valentina, con quien ella había tenido una relación durante menos de un año y con quien había compartido recientemente un nuevo hogar.

La familia de Valentina albergaba profundas sospechas, particularmente después de que JP cerrara sus cuentas en redes sociales, los bloqueara en WhatsApp y abandonara el país justo tras el fallecimiento de Valentina. Laura, en entrevistas con diversos medios de comunicación, compartió que la última vez que supieron de Valentina fue el viernes por la noche a través de un video donde se la veía alegre, en un automóvil con JP, mientras se mudaban a su nuevo hogar. Además, el sábado por la noche Valentina contactó a su hermano menor vía videollamada, mostrándole lo entusiasmada que estaba en su nuevo apartamento, disfrutando la compañía de su pareja. No obstante, las alarmas se dispararon por la actitud que JP manifestaba hacia Valentina; una conducta que la familia calificaba de obsesiva y controladora. La madre de Valentina y otros parientes recordaron cómo, en diciembre, JP había llegado al extremo de contratar a un detective privado para seguirla. Después de una pelea, la relación se enfrió brevemente. JP, entonces, se comprometió a cambiar su forma de ser. La madre de Valentina lo describió como un hombre dominado por la obsesión: "Le advertí a mi hija que si él era capaz de llegar a tal extremo, podría llegar a hacer cualquier cosa, incluso poner en peligro su vida y la seguridad de nuestra familia". Sin embargo, Valentina decidió confiar en él. La madre sostiene que este comportamiento lo marca como el principal sospechoso de un crimen pasional: "En un ataque de celos, le arrebató la vida a mi hija". Además, según se refleja en varias capturas de pantalla del Whatsap, Valentina parecía no estar del todo interesado en JP, ya que mostraba dudas sobre si contraer matrimonio con él:

- Amiga: "*Ah bueno esa es la idea*"
- Valentina: "*Este que se quiere casar jajajaja*"
- Valentina: "*Estaba un poco aburrido porque yo no le doy besos ni nada, y me dijo como ya se que no te atraigo no tienes que fingir*"

La sospecha en torno al caso de Valentina se intensificó con el testimonio que un conductor de InDriver. Protegiendo su identidad, relató que transportó a Valentina y JP durante la madrugada del sábado, momento en el cual la DJ intentó comunicarle discretamente que estaba en peligro. Valentina subió al vehículo y le mostró al conductor un mensaje en su aplicación que decía: "ayuda, estoy en peligro". Sin embargo, la conversación se interrumpió abruptamente cuando JP se unió a ellos en el coche. El viaje culminó con su llegada a una discoteca alrededor de las 4 de la mañana. En un suceso paralelo, un trabajador del aeropuerto El Dorado en Bogotá encontró un iPhone en una papelera. Sin saber de quién era, lo llevó a su casa pensando en venderlo, pero su hija al encenderlo y ver la pantalla de inicio, identificó a Valentina por su foto, la cual ya estaba siendo difundida por los medios. Ante este reconocimiento, se contactó a la policía para informar sobre el hallazgo del dispositivo, a pesar de que ya se había eliminado parte de su contenido. Los reportes de Medicina Legal indicaron que Valentina falleció a causa de asfixia por estrangulamiento, evidenciado por las marcas encontradas en su cuello y los diversos hematomas en su cuerpo. Por otro lado, el abogado de la familia informó que JP podría ser condenado a 50 años de cárcel si se le halla culpable de "feminicidio agravado" y de la "alteración y ocultación de pruebas". Este caso ha conmovido a la opinión pública y resalta la gravedad de las consecuencias legales que enfrenta el acusado.

Los investigadores se pusieron en contacto con la Policía de Panamá, adonde había viajado el domingo JP. Posteriormente, la noche del martes, la Policía Nacional de Panamá informó sobre la captura de JP en el aeropuerto internacional de Tocumen. Es importante mencionar que presentaba varios rasguños, que podrían ser resultado de un intento de defensa por parte de Valentina. El análisis forense de las uñas de Valentina ha sido crucial para la investigación, ya que proporcionó pruebas concluyentes de que JP estuvo implicado en la agresión y asfixia de la joven DJ. Las autoridades colombianas empezaron los trámites para su deportación al país, con el objetivo de que responda a los múltiples interrogantes sobre las circunstancias de tiempo, modo y lugar en que ocurrió la muerte de Valentina. El jueves 26 de enero por la mañana, JP llegó a Bogotá, según informó la Policía de la capital colombiana: "Más de 300 horas de video recolectadas en diferentes escenarios permitieron la captura de este sujeto", comunicaron en su cuenta de Twitter.

Figura 3. Maleta donde se encontró el cuerpo deValentina. En la imagen no se visualiza, pero en la foto real, partes de su cuerpo sobresalían de la maleta.

Los detectives a cargo del caso resaltaron que, tras investigaciones profundas, se dedujo que el sospechoso actuó en solitario, sin la ayuda de cómplices. Sin embargo, fue revelado que previamente había empleado los servicios de un detective privado en múltiples ocasiones para seguir a la afamada DJ, movido por las sospechas de una posible infidelidad por parte de ella. La Fiscalía General señaló que el detective privado descubrió que en diciembre de 2022 ella había realizado un viaje, que parecía ser de índole romántica, con otro hombre a Aruba, una isla del Caribe. Esta información motivó al sospechoso a regresar a Bogotá en enero de 2023 para confrontar a la joven. Una íntima amiga de Valentina, en conversación con el investigador, confirmó que la DJ sí estuvo acompañada de otro hombre durante su estadía en la isla caribeña, indicando incluso que entre ellos existía una relación sentimental. "Ella me había comentado que conoció a JP en línea hace aproximadamente un año. Él le enviaba dinero semanalmente a través de una compañía. La percepción de su relación por parte de ella era de normalidad. Estaba al tanto que él había venido a Colombia, presumiblemente para residir junto a ella; ese detalle me lo confió Santiago, quien era el 'amante' de Valentina. El apartamento que JP había arrendado para su estadía ya estaba completamente amueblado", detalló la amiga de Valentina. Luego amplió su relato: "JP tenía la intención de hacer una transferencia de 1.000 dólares, pero en ese momento

Valentina se encontraba en Aruba junto a Santiago. Ella estaba preocupada por cómo ocultar su paradero para que JP no se enterase de su estancia allí. En un intento por desviar la atención, Valentina le comunicó a JP que tenía un compromiso inesperado en otro lugar y que, por tal razón, requería el dinero (los 1.000 dólares), solicitando que se los enviara a mi cuenta. Fue así como JP procedió a transferir la cantidad acordada a través del servicio de MoneyGram. Posteriormente, y siguiendo el plan establecido, hice el envío de esos fondos a Valentina en Aruba". Más adelante, en su testimonio, ella especificó que el reenvío del dinero a Valentina se realizó el mismo día que lo recibió.

Tras su arresto en el aeropuerto de Panamá, dos días después del descubrimiento del asesinato de Valentina, JP ha apuntado al "Cartel de Medellín" como responsable de los hechos, pese a las discrepancias detectadas por las autoridades en su historia. Un punto conflictivo es el motivo por el cual optó por deshacerse del teléfono móvil de la DJ en las inmediaciones del aeropuerto justo antes de su precipitada huida de Colombia con destino a Turquía. Adicionalmente, frente a los alegatos sobre una discusión que habría tenido lugar antes del asesinato de Valentina, JP ha indicado que el altercado ocurrió tras ella borrar varios mensajes de su teléfono, lo que lo llevó a tomar prisa en fotografiar aquellos mensajes que aún permanecían para apoyar su relato de los eventos.

JP, con 33 años de edad, nacido en Texas, Estados Unidos, pero oriundo de Wisconsin, ha vivido una vida marcada tanto por la tragedia personal como por la controversia. Tras su divorcio en 2021 en Estados Unidos, y siendo padre de varios hijos, JP ha tenido que enfrentar desafíos considerables. Uno de sus hijos es conocido por haber sobrevivido a un tipo de cáncer infantil poco común, el rabdomiosarcoma. Esta enfermedad le fue diagnosticada cuando su hijo tenía tan solo cuatro años y, a pesar de su estado avanzado, luchó valientemente contra ella. La batalla de su hijo contra el cáncer captó la atención nacional y fue reconocida por el entonces presidente de la Cámara de Representantes, Paul Ryan. En un gesto de honor, Ryan invitó aal hijo de JP al discurso sobre el estado de la unión en 2018, destacando su valiente lucha. La comunidad respondió generosamente al llamado para ayudar al hijo, con campañas de recaudación de fondos que atrajeron un apoyo significativo. A través de la popular plataforma GoFundMe en 2016, la familia JP logró recaudar cerca de 60,000 dólares para su tratamiento. Los esfuerzos para salvar su vida incluyeron una cirugía extensa y complicada que duró más de 13 horas y durante la cual se le extrajeron más de 150 tumores. La historia de su hijo y su lucha contra el cáncer fue ampliamente cubierta por los medios, incluyendo The Daily Mail, que informó sobre los pormenores de su operación. No obstante, la plataforma GoFundMe cesó la aceptación de donaciones para la familia JP tras el arresto de JP.

En la audiencia de imputación de cargos celebrada en enero de 2023, JP rechazó las acusaciones de homicidio y feminicidio agravado formuladas por la Fiscalía de Colombia. El proceso judicial, caracterizado por su naturaleza pública y la transmisión virtual según las normativas colombianas, puso a JP en una posición donde, a través de su intérprete, negó categóricamente los cargos, consciente de la gravedad de su declaración. Las barreras idiomáticas obligaron a JP a depender completamente de una traductora para comunicarse. Ante la magnitud del delito y el rechazo a admitir culpabilidad, el abogado y la traductora inicialmente asignados optaron por abandonar la defensa y traducción del caso, lo que llevó a la postergación de la audiencia y a la incorporación de un nuevo equipo legal y de interpretación. La defensa introdujo la tesis de que la detención de JP en Panamá fue irregular y que el proceso legal no había respetado los procedimientos adecuados.

Figura 4. JP fue captutado en Panamá y extraditado a Colombia.

La Fiscalía General de la Nación acusó formalmente a JP por el delito de feminicidio agravado, además de cargos por ocultamiento, alteración y destrucción de evidencia material. A una semana de cometido el homicidio, el investigador principal acumuló una vasta colección de pruebas que incluyen más de 300 videos, innumerables fotografías y testimonios que apuntan a JP como el autor del delito. La acusación señaló que JP veía a su pareja como una posesión, lo que se evidencia en su comportamiento obsesivo y controlador, ya que monitoreaba sus redes sociales, restringía sus amistades y llegó al punto de contratar a un detective privado para seguirla, evidenciando un patrón de violencia psicológica anterior al crimen. En el análisis de las horas de video recopiladas, se detectó la presencia de otra mujer en las grabaciones del edificio, la cual ingresó con JP el 19 de enero y se quedó en el apartamento durante dos horas; sin embargo, su identidad aún no ha sido determinada por las autoridades. En la audiencia de imputación, se mencionó que esta mujer podría estar relacionada con servicios sexuales.

Tras su comparecencia ante el tribunal, el acusado fue encarcelado en una celda de máxima seguridad en la prisión de La Picota, en Bogotá, donde se encuentra en aislamiento, a la espera de los procedimientos judiciales subsiguientes. Una vez se haya establecido la medida de aseguramiento en un establecimiento penitenciario, la Fiscalía tiene el deber de formalizar la acusación contra JP. Esto implica la oficialización de su proceso judicial, considerando que el ciudadano estadounidense ha proclamado su inocencia frente a los cargos de feminicidio agravado y de destrucción, alteración u ocultación de evidencia material probatoria. En este contexto, la defensa de JP estará facultada para interponer recursos de apelación de manera procedimental ante la autoridad judicial competente para su respectiva consideración y deliberación. De ser hallado culpable, JP se enfrentaría a una pena significativa que podría oscilar entre 40 y 55 años por el delito de feminicidio agravado, y adicionalmente, una sentencia de cuatro a doce años por la manipulación de evidencia material. Además, se contempla la posibilidad de que se le imponga el pago de una indemnización sustancial a los familiares de la víctima, como forma de reparación por los daños causados. El caso del feminicidio de Valentina sigue en desarrollo. Las audiencias más recientes se llevaron a cabo el 4 y 5 de diciembre de 2023. Durante estas, la Fiscalía presentó varios testigos, incluyendo a la madre de la víctima, quien describió a JP como una persona inicialmente percibida como una buena pareja para su hija, pero que luego mostró un comportamiento posesivo. El médico forense, que realizó la necropsia de Valentina, indicó que las causas de la muerte incluían signos de estrangulamiento, evidencia de hipoxia, congestión facial, múltiples hematomas y traumatismos en la cabeza. Se reportaron cinco surcos de presión de color violáceo en el cuello de la víctima, lo que sugiere un posible estrangulamiento . Asimismo, se presentaron pruebas como videos de cámaras de seguridad que mostraban a JP saliendo con una maleta del lugar donde se alojaba con Valentina. El juicio continuará el 12 de febrero de 2024. Hasta entonces, JP permanece detenido de manera preventiva en La Picota

El trágico suceso nos sirve como un recordatorio de que, aunque las plataformas digitales ofrecen un puente para unir almas en busca de compañía. Una precipitación en la formación de lazos afectivos sin un entendimiento profundo y genuino de la otra persona puede resultar en finales desgarradores. Es esencial, entonces, tener cautela y diligencia, ya que son componentes vitales para la delicada danza de las relaciones humanas que, si bien pueden nacer bajo el auspicio del amor y la ilusión, a veces derivan en episodios trágicos y desventuras.

Capítulo 08. Paul | Colombia | Tinder (relato corto)

Paul, un joven estadounidense de 27 años con raíces vietnamitas y residente del vibrante condado de Orange en Los Ángeles, inició su primera aventura internacional un Noviembre del 2022. Acompañado por un amigo, eligió Medellín, la deslumbrante joya de Colombia, como su destino. Paul, educado en la Universidad Estatal de California, era conocido por su amor a los viajes y su pasión meticulosa por planear sus aventuras. Su hermana siempre lo describió como un pilar de apoyo y una fuente inagotable de historias fascinantes. La desaparición de Paul, después de una misteriosa cita con una mujer conocida a través de Tinder, desencadenó una búsqueda frenética. Esta búsqueda culminó en el descubrimiento de su cuerpo sin vida, en circunstancias desconcertantes que dejaron un velo de misterio y tristeza sobre su abrupto fin. La atónita comunidad, atónita, se quedó preguntándose qué pudo haber salido tan mal en un viaje que prometía ser una aventura inolvidable.

Figura 1. Misma noche de su desaparición en Snapchat asegurando que estaba bien.

En la noche del 9 de noviembre, en el elegante y distinguido barrio de Poblado en Medellín, se produjo un encuentro entre Paul y ML, una joven con la que había establecido una conexión a través de Tinder. El perfil de ML la describía como una católica apolítica, extrovertida, de 24 años, amante de los animales y los bebés, y creyente en el amor a primera vista. Ella buscaba conocer gente nueva, una característica que resplandecía en su personalidad extrovertida y vivaz. Vestida de manera distintiva con una chaqueta de mezclilla, jeans oscuros y zapatillas blancas, su cabello teñido de un llamativo tono rojo capturaba la esencia de su espíritu libre y aventurero. Este inocente perfil no hacía preveer lo que acabaría ocurriendo en la trágica noche del 10 de noviembre de 2022. Lo que había comenzado como una encantadora cena en un restaurante del centro de Medellín, se transformó rápidamente en una pesadilla inimaginable. ML, quien había persuadido a Paul para explorar un barrio diferente y menos conocido, se convirtió inesperadamente en una figura central en una serie de eventos que culminarían de manera horrenda y trágica. Esa noche, Paul documentó sus experiencias en Instagram hasta aproximadamente las 2 a.m., mostrando una serie de interacciones que, en ese momento, parecían típicas y agradables de una cita romántica. En una de las fotos, se veía a la joven María Luisa sonriendo a la cámara, mientras él comentaba sobre las barreras del lenguaje que estaba experimentando, una situación que, aunque parecía menor, jugaría un papel crucial más adelante. La mención de las barreras del lenguaje en su publicación de Snapchat podría haber sido un indicio de las dificultades de comunicación que Paul estaba enfrentando durante su cita con ML, lo que a su vez podría haber contribuido a su vulnerabilidad en la situación. Esta foto y su comentario fue la última comunicación que se sabe que tuvo con amigos o familiares antes de que se encontrara su cuerpo sin vida.

Figura 2. Una de las integrantes de la banda que se dedicaba a estafar a extranejros, y posiblemente la que engaño a Paul.

La situación angustiante comenzó cuando Paul no regresó a su alojamiento Airbnb en Medellín, causando gran preocupación de su amigo acompañante. Alarmado por su ausencia, buscaron la ayuda de un residente local. A pesar de las limitaciones burocráticas, que exigían esperar 72 horas antes de poder reportar oficialmente a una persona como desaparecida, el amigo, impulsado por las publicaciones en redes sociales de Paul, inició una búsqueda minuciosa que los llevó a una discoteca popular en la ciudad. Allí, un mesero proporcionó una pieza clave del rompecabezas: Paul había sido convencido por ML de pagar con su tarjeta de crédito en lugar de usar efectivo, a pesar de tener suficiente dinero en efectivo. Este detalle adquirió una relevancia aún mayor cuando se descubrió que la tarjeta de crédito de Paul había sido usada para realizar una transacción en un cajero automático esa misma noche. Además, se identificó una transacción sospechosa de $500 dirigida a una persona través de PayPal. Este hecho, ocurrido durante la noche de su desaparición, se sumó a una serie de movimientos financieros inusuales que se observaron después de que Paul fuera visto por última vez. Estos giros inesperados en los eventos añadieron una atmósfera de misterio y urgencia a la búsqueda de Paul, llevando a sus amigos y al residente local a unirse en un esfuerzo desesperado por descubrir la verdad detrás de su desaparición.

En las lúgubres y silenciosas calles del viejo barrio de Cucaracho, se descubrió una escena macabra. El cuerpo inerte de Paul yacía junto a un contenedor de basura, en un rincón olvidado, varias millas distante de su última posición reportada.

Figura 3. El cuerpo de Paul fue encontrado en esta carretera del Robledo.

Las primeras indagaciones sugirieron un horrendo robo seguido de un acto aún más atroz: el envenenamiento. Los expertos forenses, tras un meticuloso análisis, concluyeron que la causa de la muerte fue una sobredosis de escopolamina, un potente alucinógeno conocido en los bajos mundos como "Aliento del Diablo". Este descubrimiento abrió una ventana a un escenario aún más escalofriante: Paul podría haber sido drogado para ser despojado de sus pertenencias. La investigación, profundizando en los hechos, descubrió una trama aún más siniestra y retorcida. Paul, acompañado de ML, había salido de un restaurante y se dirigió a una discoteca cercana. Su interacción con su acompañante, captada por las cámaras de seguridad y observada por el personal, insinuaba un tenebroso intento de drogarlo que pudo haber fracasado. Tras una ardua investigación, la policía colombiana, en una muestra de diligencia y pericia, logró arrestar el 4 de Abril de 2023 a tres individuos: una persona de 21 años, otra de 28, y la última de 25, acusándolos de homicidio agravado, robo calificado y conspiración para cometer crímenes. Se determinó que Paul había sido víctima de una mezcla mortal de escopolamina y alcohol, una combinación letal que le arrebató la vida. Lo más alarmante del caso fue el descubrimiento de que los delincuentes habían continuado utilizando la aplicación Tinder para atraer y robar a más turistas desprevenidos, dejando entrever la posibilidad de una red criminal mucho más amplia y organizada. Este caso, con sus giros inesperados y su final trágico, sirvió de advertencia sobre los peligros ocultos en las sombras de la vida nocturna y los encuentros casuales en la era digital.

Figura 4. Banda capturada por el asesinato de Paul en Medellín.

La familia Nguyen, profundamente afligida por la trágica pérdida de Paul, ha manifestado su dolor y su firme resolución en la búsqueda de justicia. Con la repentina muerte de Paul, la familia se encontró sumergida en un estado de conmoción y dolor profundo. En su esfuerzo por encontrar cierre y justicia, han tomado medidas activas para repatriar el cuerpo de Paul a los Estados Unidos, organizando un funeral apropiado. Para aliviar la carga financiera asociada con la repatriación y los gastos funerarios, establecieron una página de GoFundMe, encontrando una respuesta alentadora de la comunidad. El apoyo emocional y financiero brindado por muchas personas ha sido una fuente de consuelo. La familia, en un mensaje emotivo en la página de recaudación, compartió su profundo amor y respeto por su hermano, lamentando no haber podido ofrecerle más protección y agradeciendo el inmenso apoyo recibido. Además, la familia planea utilizar los fondos para contratar un abogado y un investigador privado, con el fin de profundizar en la investigación de la muerte de Paul y llevar a los responsables ante la justicia, asegurando así que su legado perdure en el tiempo.

"Hola, soy la hermana de Paul. He creado esta página pidiendo ayuda. Mi hermano estaba de vacaciones en Medellín, Colombia. Desapareció y, solo unas horas más tarde, su cuerpo fue encontrado el 11/10/22. Él es víctima de un crimen cruel y sin sentido. Estas personas eligieron el dinero y la codicia antes que un solo pensamiento sobre la vida de mi hermano. Con la ayuda de su amable amigo y nuestra comunidad, intentamos todo lo que pudimos para encontrarlo. Pero no fue suficiente. Desearía haber podido hacer más. Desearía haberlo protegido más. Tengo un gran

aprecio y gratitud por todos los que nos ayudaron a intentar encontrarlo. Paul era mi hermano mayor que siempre estuvo allí para cuidarme. Él estuvo allí para apoyarme en mis altibajos. Él era mi hombro para llorar. Espero que todos los que conocían a Paul se mantengan fuertes. Acudo a ustedes, por mi familia, para apoyo en preparar el servicio que él merece. Estoy trabajando para traer a Paul de vuelta a los EE. UU. para un servicio fúnebre. Paul merece estar de vuelta en casa, rodeado de amor, familia y amigos. Cualquier donación ayudará a aliviar a mi familia del estrés y los costos de traerlo de vuelta y realizar adecuadamente un servicio aquí. Si alguien pudiera ayudar, estamos agradecidos por cualquier cosa. Gracias por todo el apoyo.

ACTUALIZACIÓN:

Quiero tomarme el tiempo para agradecer sinceramente a todos los que han donado. Además de eso, mi familia y yo queremos compartir nuestro aprecio por el abrumador apoyo y amor por Paul. Estamos desbordados de gratitud.

Como saben, iniciamos esta recaudación de fondos para traer a Paul a casa. Todavía estamos trabajando en esto, pero todos ustedes nos han ayudado a dar un gran paso adelante. Cuando comencé esta página, no sabíamos qué esperar ni cómo honrarlo mejor. Con su ayuda, podemos proporcionarle el hermoso servicio que se merece. Paul fue arrebatado demasiado pronto y no podemos cambiar eso, pero todos ustedes han construido un poderoso legado para él. Muchas personas han compartido sus felices recuerdos y momentos conmovedores con Paul. Él estaría muy feliz de ver todo el amor y apoyo que tienen por él. Desearía que estuviera aquí para sentir todo el amor que todos han mostrado por él. Espero que guarden estos momentos alegres de él y se mantengan fuertes.

Gracias a toda la familia, amigos y desconocidos que están con nosotros a través de este largo y difícil momento. Gracias por mostrar su desinterés y benevolencia. Gracias a todos los que se han acercado, compartiendo recursos y guiando a mi familia. Ahora estoy cerrando las donaciones. Utilizaremos los fondos restantes para un abogado e investigador privado para hacer justicia a Paul. Aunque es un proceso frustrante y difícil, espero que eventualmente encontremos paz. No sabemos cómo agradecerles lo suficiente.

!! Esta es la única recaudación de fondos que mi familia está organizando. Tengan cuidado con otras recaudaciones de fondos que se hacen pasar por mi familia y mi historia !!"

El trágico caso de Paul Paul sirve como un severo recordatorio de los riesgos inherentes a las citas en línea, particularmente en entornos internacionales. Este suceso resalta la crucial importancia de ejercer cautela y estar plenamente consciente de los peligros potenciales cuando se viaja y se utilizan plataformas sociales para establecer contactos con personas desconocidas. La historia de Paul pone de relieve la necesidad de una mayor conciencia sobre la seguridad personal y las precauciones a tomar al interactuar en el ciberespacio, especialmente cuando estas interacciones trascienden las fronteras y se adentran en culturas y entornos desconocidos. Este caso subraya la vital importancia de la prudencia y el conocimiento de los riesgos al aventurarse en el emocionante pero a veces peligroso mundo de las relaciones online en países extranjeros.

Capítulo 09. Ruth | Mexico | Tinder

El 20 de enero de 1991, en el corazón de la histórica región de León-Guanajuato, México, se celebraba el nacimiento de Ruth, la segunda de las cuatro hijas de un cálido hogar medio mexicano. Ruth creció en un entorno lleno de amor y cuidados familiares, una niñez que se recordaba con un cariño palpable, plasmada de manera emotiva en una carta que había escrito tan sólo un mes antes de los eventos que nos reúnen hoy en este relato. La carta, un testimonio vibrante de sus días de infancia, reflejaba la alegría y la inocencia de aquellos años dorados. Con palabras llenas de nostalgia y amor, Ruth recordaba las risas compartidas, las aventuras pequeñas pero significativas, y los momentos de unión familiar que habían marcado su vida. Este texto, ahora un preciado recuerdo, se convertiría en un elemento clave para comprender los sucesos que, de manera inesperada, cambiarían el rumbo de su historia.

"Quiero decirles que recuerdo mucho mi infancia, solía ver caricaturas y series como Sailor Moon, Pokemón, La vaca y el pollito, Malcom el de en medio, Ranna ½", Despues me

llevaban a practicar Taekwondo y natación, siempre estaba junto a mi hermana.

Nunca olvidaré como cuando ibamos cada fin de semana al campo cerca de mi casa ahí solíamos cortar flores silvestres, atrapar pequeños insectos y caminar por los arroyos descalzos, eso me causaba cosquillas en mis pies. Realmente lo disfrutaba. Ya en primaria me gustaba jugar basquetbol con mis amigos, solía tener malas notas, pero entonces creí que si estudiaba mas y hacia mis tareas me iria mejor y así fué.

Solía ser una chica alegre y buena amiga aunque era muy timida.Bueno en general pienso que tuve una buena infancia y adolescencia porque tuve muy buenos padre, nunca me hizo falta nada. Fuí muy feliz ".

Al madurar, ella tomó la decisión de emular los pasos de su padre, un distinguido profesor de matemáticas con tres maestrías, eligiendo la profesión de maestra normalista en el ámbito del inglés. Esta joven se caracterizaba por su dedicación y esmero académico. Además, había iniciado sus estudios superiores en inglés en la prestigiosa Universidad de Guanajuato, situada en la histórica calle Aquiles Serdán, en la ciudad de León. A la temprana edad de 25 años, ya se había convertido en una mujer con una sólida preparación académica. Aquellos que tuvieron el privilegio de conocerla, la recuerdan como alguien centrada y de naturaleza reservada, aunque disfrutaba enormemente la compañía de sus amigos y los momentos en familia. No obstante, Ruth, a pesar de sus muchas virtudes, aún no había encontrado pareja. Su timidez, aunque encantadora, parecía ser una barrera que le impedía acercarse con confianza a posibles compañeros sentimentales, entablar conversaciones o sentir la seguridad necesaria para hacerlo.

Era agosto de 2016 cuando Ruth, en su acogedor hogar en León, Guanajuato, decidió aventurarse en el mundo digital de las citas. Con un toque de curiosidad, descargó la aplicación Tinder, una plataforma virtual diseñada para conectar a personas en búsqueda de compañía y aventuras amorosas. Dedicó varias horas a explorar perfiles, deslizando cuidadosamente entre una multitud de rostros hasta que su atención fue capturada por ED, un joven de 26 años, de la misma edad que ella. ED, estudiante de medicina en la Universidad de Guanajuato, compartía con Ruth una aparente timidez y reserva. Su perfil, adornado con detalles y gustos similares a los de Ruth, destilaba una esencia de compatibilidad. Empezaron intercambiando mensajes a través de la aplicación, una conversación digital que pronto se transformó en intercambio de cuentas de Facebook y, eventualmente, en llamadas telefónicas. Estas conversaciones, llenas de risas y descubrimientos mutuos, allanaron el camino hacia encuentros en persona. El tiempo pasó, y con cada cita, Ruth y ED descubrían más afinidades, construyendo una conexión profunda y genuina. Un mes después de ese primer 'match' virtual, la chispa entre ellos se había convertido en una llama de química ineludible. Reconociendo el vínculo especial que habían forjado, decidieron dar un paso adelante, formalizando su relación y convirtiéndose en pareja. Juntos, comenzaron a trazar un nuevo capítulo en sus vidas, uno lleno de promesas y posibilidades compartidas.

Figura 1. A la izquierda ED y a la derecha Ruth.

La familia de Ruth, tras un breve periodo, comenzó a percibir una transformación notable en la actitud de la joven. Irradiaba un brillo especial, típico de alguien "enamorado". Pronto, ella les confesó estar saliendo con un muchacho llamado ED. Ante la petición de la familia de conocerlo, Ruth siempre esquivaba el encuentro con variadas excusas, alegando la timidez extrema de ED. La persistencia de estas excusas sembró inquietud en la familia, incapaz de conocer al novio de Ruth en esta su primera relación amorosa. La madre de Ruth, inquieta por el misterio que envolvía a ED, decidió un día seguir a su hija en secreto para desvelar la identidad del joven. A distancia, logró vislumbrar al chico y su preocupación se disipó al notar su comportamiento normal. No obstante, Ruth se sintió profundamente ofendida cuando descubrió que su madre la había espiado, considerándolo una grave invasión a su privacidad. La vida de Ruth, hasta ese momento, parecía idílica. Rodeada de amigos, una familia que adoraba, un trabajo que era su pasión y estudios universitarios que la enriquecían. El noviazgo con ED era la guinda del pastel. Sin embargo, el destino le tenía preparado un vuelco dramático e inesperado el 3 de Diciembre de 2016.

El 3 de Agosto, una mañana teñida de expectativa, Ruth salió de su hogar acompañada de su madre. Con un cielo despejado sobre la ciudad de Guanajuato, la dejó en el prestigioso centro de idiomas a las 8 a.m. Era un día habitual, donde Ruth terminaría sus clases alrededor de la 1 p.m. Sin embargo, la rutina dio un giro inesperado cuando, tras finalizar sus estudios, la joven llamó a su madre. Con voz entusiasta, compartió sus planes de pasar un rato con su novio y luego disfrutar de una película en el cine junto a una amiga. Sus padres, siempre comprensivos, accedieron a sus planes. Ruth, con su habitual responsabilidad, les aseguró que estaría de regreso a casa entre las 4 y 5 p.m. Pero, a medida que las horas pasaban, un manto de preocupación comenzó a cubrir la casa. Ruth no regresaba.

Para las 8 de la noche, la amiga, llena de inquietud, contactó a los padres de Ruth. Había intentado incesantemente comunicarse con su amiga durante la tarde, sin éxito. Pensaba que Ruth estaría con su novio, pero un presentimiento agobiante la invadía. Los padres de Ruth, sumidos en la alarma, intentaron sin éxito contactar a su hija. Su papá conocía bien a su hija, ella nunca se ausentaba sin avisar y siempre cumplía con la hora acordada. Decidido y temeroso, el padre emprendió camino hacia la universidad donde estudiaba ED, el novio de Ruth. Pero al llegar, no encontró rastro de la pareja. La familia, unida en la angustia, se movilizó. Abuelas, hermanas, primos y tíos recorrieron hospitales y lugares frecuentados por Ruth, buscando desesperadamente alguna pista. Pero el último lugar donde Ruth fue vista, fue en su escuela de idiomas en el centro de León. Desde allí, se suponía que se había ido con ED, pero su paradero seguía siendo un misterio doloroso y desconcertante.

"¡Hola señor! Buenas noches. ¿Ruth está bien? La estuve esperando en el cine desde las 5, como habíamos quedado. Pero no llega y no me contesta ni en WhatsApp ni en su teléfono"

- Palabras de la amiga al papá de Ruth -

Ruth, conocida por su naturaleza responsable y tranquila, jamás había dado motivos a sus padres para preocuparse por escapadas repentinas. Por ello, su ausencia inesperada llenó de angustia y desconcierto a su familia. En un intento desesperado por encontrar alguna pista, sus padres se adentraron en el mundo digital de Ruth, revisando su ordenador personal. Allí descubrieron búsquedas recientes de una dirección enigmática, la cual los llevó a un complejo de departamentos desconocido para ellos, sumergiéndolos aún más en el misterio. La noche ya caía cuando, movidos por la desesperación, se presentaron en el Ministerio Público para interponer una denuncia por la desaparición de su hija. Sin embargo, se toparon con la intransigencia burocrática, las autoridades rechazaron su petición. Argumentaron que, siendo Ruth mayor de edad y habiendo pasado tiempo con su novio, lo más probable era que se hubiera ido por su propia voluntad. Además, informaron que era necesario esperar 72 horas antes de poder declarar oficialmente a alguien como desaparecido. Los padres de Ruth, sin embargo, estaban convencidos de que su hija no era el tipo de persona que se iría sin avisar. Esta firme creencia chocaba con la actitud de la policía, que se negó a tomar la denuncia o a examinar objetos que podrían ser clave en la investigación, como el ordenador de Ruth. La familia, desconsolada pero resolutiva, se vio obligada a iniciar su propia búsqueda, confiando en su instinto y en la esperanza de que algo o alguien pudiera llevarlos de nuevo a su querida hija.

Impulsados por una mezcla de determinación y desesperación, la familia de Ruth decidió tomar un papel activo en la búsqueda de su hija desaparecida. No estaban dispuestos a quedarse de brazos cruzados mientras la incertidumbre se cernía sobre ellos. El primer paso fue informar a amigos y conocidos, utilizando las redes sociales como un poderoso aliado. Facebook se convirtió en una plataforma crucial para difundir la noticia, creando una red de solidaridad y apoyo que se extendía más allá de su círculo inmediato. El 4 de diciembre de 2016, marcado por la ansiedad y la esperanza, la familia volvió a insistir ante las autoridades, quienes finalmente aceptaron formalizar la denuncia. Sin embargo, la falta de avances significativos los llevó a emprender su propia investigación. El análisis minucioso de las redes sociales de Ruth, especialmente su cuenta de Facebook, les condujo a un hallazgo crucial: el padre de ED. Este era un respetado ingeniero químico y docente en la Universidad de Guanajuato, emergió como una figura clave en este enigma. A través de él, la familia de Ruth esperaba obtener pistas sobre el paradero de su hija. Sin embargo, el encuentro con el padre de ED fue un baño de realidad fría y desalentadora. A pesar de su estatus profesional, el padre parecía desconectado de la vida de su hijo y no podía ofrecer ninguna información relevante. La reunión, cargada de emociones contenidas y preguntas sin respuesta, dejó en claro que el padre no tenía la información que tanto ansiaban. Aunque prometió colaborar, sus múltiples excusas y la aparente falta de interés hicieron evidente que la familia de Ruth tendría que seguir buscando respuestas por su cuenta. La travesía, llena de obstáculos y frustraciones, continuó sin un final claro a la vista, manteniendo a la familia en un estado de incertidumbre y determinación.

El 7 de abril de 2016, ocurrió un giro inesperado en la investigación cuando el padre de ED, citado por las autoridades, evadió su comparecencia inicial, impulsando a los agentes de la Procuraduría General de Justicia del Estado de Guanajuato a realizar una visita inminente a su domicilio. Este acto culminó en su traslado forzoso a la agencia correspondiente para rendir declaración. Durante su comparecencia, reveló una pieza crucial: su hijo ED, objeto de la denuncia, había desaparecido.

Profundizando en su angustia, levantó formalmente la denuncia por la desaparición y compartió detalles alarmantes sobre el joven, incluyendo su lucha contra la sociopatía y su actual tratamiento psiquiátrico. En un giro inesperado, solicitó una orden de cateo para el departamento de ED, movido por la incertidumbre sobre el estado del lugar y el desconocimiento del paradero de su hijo. Las autoridades, mostrando una eficiencia notoria, procedieron rápidamente a registrar el departamento. Sin embargo, este acto solo sirvió para darse cuenta de que el departamento de ED estaba impoluto, sin señales de su presencia, y no ofreció pistas sobre su ubicación, dejando abiertas más preguntas que respuestas en este enigma creciente.

La inquietud invadió a los padres de Ruth cuando se encontraron con el padre de ED. La falta de interés y preocupación de este último por la ausencia de su hijo en días recientes les pareció alarmante. Contrario a lo esperado, él solo mencionó su intención de investigar, sin transmitir una genuina alarma o sumarse a la búsqueda de ED. En circunstancias ideales, ambas familias deberían haber unido esfuerzos para localizar a la pareja, especialmente si se sospechaba que algo grave había ocurrido. Para el 7 de diciembre de 2016, el padre de Ruth consiguió la dirección donde ED había estado viviendo. Con determinación, se dirigió al lugar para indagar con los guardias de seguridad. Estos confirmaron que Ruth había entrado al edificio el 3 de diciembre y se había registrado en el libro de visitas. La vieron nuevamente el 4 de diciembre acompañada por ED, pero nunca la observaron salir del edificio. Un guardia específico recordó haber visto a Ruth entrar en la residencia, pero sin percibir señales de alarma o violencia. Al día siguiente, ED fue visto saliendo solo temprano por la mañana para comprar alimentos en una verdulería cercana, sin la compañía de Ruth. Este hecho intensificó la ansiedad de la familia de Ruth, ya que además de desconocer su paradero, eran conscientes de que ED padecía sociopatía y estaba bajo tratamiento psiquiátrico. A esto se sumaba la descripción de los guardias de seguridad sobre ED: un joven tímido y retraído, pero con antecedentes de conflictos con sus vecinos. La combinación de estos factores generaba un escenario preocupante y lleno de incertidumbre para la familia de Ruth, ahora más desesperada por encontrar alguna pista que les revelara el paradero de su hija.

Figura 2. Cartel pegado en unas rejas preguntando por el paradero de
Ruth.

Una semana después de la desaparición de Ruth, el 10
de diciembre de 2016, el angustiado padre de Ruth retornó al
lugar donde residía ED, armado de esperanza y nuevos carteles
con la imagen de su hija. Su intención era clara: saturar la zona

con el rostro de Ruth, rogando por alguna pista. Sin embargo, al llegar, la escena que lo recibió fue desconcertante y presagiaba lo peor. Guardias de seguridad y médicos forenses, un ir y venir frenético en el edificio. A pesar de la incertidumbre y la ausencia de información oficial, el padre persistió en su labor, colocando volantes, su corazón suplicando en silencio que los restos hallados no pertenecieran a su amada hija. Desafortunadamente, la realidad superó sus peores temores. Los medios de comunicación, en un alarde de insensibilidad, fueron los mensajeros de la trágica verdad: Ruth había sido víctima de un homicidio. La confirmación genética de que los restos eran de Ruth fue un golpe devastador. El intento de ocultar el crimen, disolviendo el cuerpo con ácido muriático y sosa cáustica, revelaba una crueldad inimaginable. La familia, ya desgarrada por la pérdida, tuvo que enfrentarse a la forma horrenda en que su hija fue arrebatada de este mundo, y además, soportar el tormento de enterarse por la prensa sensacionalista. La cobertura mediática, centrada en el morbo y el amarillismo, era insensible al dolor de una familia que había perdido a su ser querido. Las especulaciones se centraban en cómo Ruth conoció a su asesino en las redes sociales, sin considerar el impacto de tales afirmaciones. Las autoridades, mientras tanto, continuaban su búsqueda de ED, el principal sospechoso, cuyo paradero seguía siendo un misterio. No fue hasta el 20 de enero de 2017, cuando Ruth pudo finalmente descansar. En una pequeña caja, apenas pesando unos kilos, se sepultaron los escasos restos encontrados: fragmentos de cráneo, y piezas de manos y piernas. Ese mismo día, un operativo policial reveló la magnitud del crimen y llevó a la emisión de una orden de arresto contra ED. Capturado en un mercado de la Ciudad de México, fue trasladado al centro de readaptación social de León. En su detención, ED se mostró tranquilo, respondiendo con monosílabos, sin un ápice de nerviosismo incluso al enfrentarse a la imputación de cargos en la audiencia. Su actitud desafiante y la frialdad con la que enfrentó las acusaciones añadieron un matiz aún más sombrío a un caso ya marcado por la tragedia y el dolor.

ED, percibido por sus conocidos y seres queridos como un enigma, se distinguía por su personalidad reservada y su selectividad en las amistades. Este individuo, a menudo involucrado en conflictos con vecinos, compañeros de casa e incluso amigos, poseía una educación destacada, aunque corta en la prestigiosa Facultad de Medicina de la Universidad de

Guanajuato. Sin embargo, en 2014, de manera abrupta y misteriosa, ED dejó su carrera en medicina, dejando tras de sí un enigma insondable. La Universidad de Guanajuato confirmó su sorpresiva partida del ámbito académico a través de documentos oficiales. Aunque sus allegados resaltaban su inteligencia, que superaba la media y le habría permitido completar la carrera de Medicina sin dificultades, el motivo de su abandono sigue siendo desconocido. ED formó parte del exclusivo grupo de 85 estudiantes aceptados en la facultad, de entre 2.500 aspirantes. Lo que lo llevó a renunciar a un futuro tan prometedor permanece como un misterio no resuelto, posiblemente ligado a su supuesto carácter sociopático, lo cual agregaba una capa más de misterio y complejidad a su ya enigmática figura.

Después de una serie de eventos profundamente lamentables, se le impuso a ED prisión preventiva por su presunta implicación en el espeluznante feminicidio. En aquellos días, muchos creían que, dada la abundante evidencia acumulada en su contra, este joven sería prontamente juzgado y sentenciado. Sin embargo, el desarrollo del caso no cumplió con estas expectativas. El Ministerio Público, solicitando una pena de 70 años, se encontró con obstáculos procesales inesperados. Durante el juicio, la defensa de ED desplegó una estrategia centrada en su estado mental, presentando recetas médicas y evidenciando su internación previa en el Hospital Psiquiátrico Fray Bernardino Álvarez en Ciudad de México. A medida que transcurría el proceso, el ministerio cedió ante numerosas peticiones de la defensa, lo que resultó en prolongaciones y complicaciones en el caso. El imputado, cambiando de abogados en repetidas ocasiones, contó con defensores que intentaron demostrar ante el tribunal que ED padecía sociopatía y, por tanto, debería ser tratado en un centro de rehabilitación mental. A pesar de estas maniobras, la petición fue rechazada, lo que llevó a los abogados a interponer una serie de amparos legales. Finalmente, tras cuatro años de un proceso judicial arduo y prolongado, se llegó a una conclusión. La audiencia, que se extendió por tres a cuatro horas, culminó en un veredicto. El 24 de abril de 2020, el magistrado emitió la sentencia máxima permitida por la ley mexicana por el crimen cometido por ED, condenándolo a 60 años en la prisión del Cereso de León, Guanajuato. Además, se le ordenó indemnizar a los padres de la víctima, haciendo así justicia en este doloroso caso.

En el laberinto de conjeturas que rodean las acciones de ED, emergen múltiples teorías preliminares, cada una intentando desentrañar el misterio de su motivación. Inicialmente, al ser detenido, ED ofreció una explicación que resonó con una extraña mezcla de desesperación y absurdo: alegó haber cometido el crimen movido por el dolor de ver a Ruth sumergida en una profunda tristeza, una depresión que, según él, la asfixiaba. Él, incapaz de soportar la visión de su sufrimiento, optó por un acto extremo y fatal. Sin embargo, esta declaración fue prontamente descartada por la justicia, considerada carente de lógica y coherencia. La familia de Ruth, sumida en un mar de incredulidad y dolor, refutó esta hipótesis. Aseguraron que Ruth no había exhibido signos de depresión; por el contrario, la recordaban siempre radiante de felicidad, encarando la vida con un optimismo inquebrantable. La teoría que cobró mayor fuerza, tanto en los círculos judiciales como en la opinión pública, se centraba en un móvil más oscuro y perturbador: Ruth se había negado a mantener relaciones sexuales con ED, y éste, en un acto de ira y despecho, decidió arrebatarle la vida. La verdad incontrovertible, en medio de este torbellino de especulaciones, era que ED había decapitado a Ruth, un acto de violencia que sacudió los cimientos de la comunidad. El 11 de mayo, el abogado defensor de ED por aquel entonces, presentó una apelación cargada de argumentos contundentes. En su alegato, resaltaba una condición mental compleja: 'La persona condenada padece de un trastorno bipolar-esquizoafectivo', afirmaba. Insistía en la insuficiencia de pruebas para demostrar que ED fue el autor del macabro acto de degollar y disolver los restos de Ruth, y desafiaba la afirmación de que la víctima estuvo en el apartamento del acusado, a pesar de las declaraciones de la seguridad del edificio. El veredicto sobre la apelación fue inapelable y definitivo: 'Los motivos de inconformidad presentados por el defensor público son infundados e inoperantes para alterar o revocar la decisión del Tribunal de origen. Por tanto, se confirma la sentencia condenatoria contra ED', sentencia la resolución final, y cierra así este caso oscuro y trágico sobre la muerte de una joven llena de vida.

Finalmente, se puede hablar de una "parcial justicia". La familia de Ruth, a pesar de enfrentar innumerables obstáculos, incluyendo amenazas en redes sociales, ha visto un atisbo de justicia. El proceso judicial, plagado de retrasos que parecían beneficiar únicamente a ED, contribuyó a la revictimización de

Ruth. Incluso, la familia de ED intentó sobornar a los padres de la joven con dinero y la propiedad donde fue cometido el crimen, buscando un "acuerdo". A pesar de estos intentos, y del doloroso vacío dejado por la ausencia de Ruth, su asesino ha sido condenado a 60 años de cárcel, recuperando su libertad solo a los 89 años. ED, quien fue juzgado como plenamente imputable y con todas las agravantes de la ley, se encontró solo en el momento de conocer su sentencia; ni familiares ni amigos estuvieron a su lado, solo los abogados de oficio. Ahora privado de libertad y derechos, enfrenta las consecuencias de sus actos, mientras la Fiscalía ha logrado demostrar con pruebas irrefutables su culpabilidad en el asesinato de Ruth.

Esta es la conmovedora y trágica historia de Ruth, una mujer cuya vida fue trágicamente segada por la violencia de género. Ruth, una persona real con sueños, aspiraciones y una familia que la amaba, encontró su fin a manos de un hombre, un conocido de la red, quien la dejó sin vida en la azotea de un edificio. Su caso, inicialmente ignorado por las autoridades y olvidado por la sociedad, simboliza la lucha contra la indiferencia y el olvido. Hoy, su historia trasciende más allá de una mera nota roja en los medios. Recordar a Ruth es recordar su identidad, su vida y su legado; es un llamado a no olvidar, a mantener viva su memoria y a luchar contra la violencia que le arrebató todo. Su nombre y su historia deben permanecer en nuestra memoria colectiva, como un símbolo de resistencia y un recordatorio de las vidas perdidas a causa de la violencia de género.

Capítulo 10. Hernaldo | Chile | Tinder (relato corto)

En esta era moderna, la conveniencia de las aplicaciones de citas se ha convertido en una norma, una vía frecuente hacia el romance, la compañía y, en ocasiones, al corazón humano en sus formas más sombrías. Si bien hay quienes encuentran cariño y conexión, también hay quienes, en el laberinto digital de los corazones solitarios, se cruzan con las tragedias más inimaginables. La posibilidad de que el desconocido detrás de la pantalla sea un depredador letal es una realidad perturbadora, que quedó demostrada de forma estremecedora en un caso ocurrido en la aislada y escarpada belleza de Chile. Hernaldo, un hombre de mediana edad, quizás impulsado por una mezcla de esperanza y soledad, entabló comunicación con un mujer en Tinder. Envuelto en el encanto y el enigmático halo de una nueva cita, decidió aventurarse a un encuentro personal con ella. Fue en ese preciso instante, en esa fatídica intersección de destinos, cuando su existencia se vio abruptamente interrumpida. La promesa de un nuevo comienzo se transformó trágicamente en un oscuro final, marcando un inesperado giro en su historia, una que comenzó con ilusiones y terminó en desdicha.

En la oscura y silenciosa noche del 18 de febrero de 2022, se desplegó una trama digna de una novela negra. Hernaldo, un psicólogo de cuarenta y dos años, distinguido y respetado en su comunidad, creyó haber encontrado una conexión especial al concertar una cita a través de Tinder. Su interés se dirigía hacia Antonia, una elegante y sofisticada contadora de veintiocho años, en la apacible localidad de Lautaro, situada en el corazón de Chile. Sin embargo, tras la fachada de este encantador perfil, se ocultaba MR, una mujer de cincuenta años, astuta y calculadora, cuya verdadera intención era tejer una red de engaños y violencia para robarle. Este plan maquiavélico y diabólico desencadenó una serie de eventos que transformaron la vida de Hernaldo en un torbellino de misterio, traición y desesperación. Los responsables de este cruel engaño acabaron tras las rejas, pero el daño infligido a Hernaldo, conocido por su generosidad, su espíritu servicial y sus planes de vida altruistas, resultaron ser irreparable. La noticia de su muerte, un desenlace trágico y desgarrador de esta historia, conmovió profundamente a la comunidad, dejando una huella imborrable en aquellos que conocían su dedicación inquebrantable a ayudar a los demás.

Figura 1. Cartel reclamando justicia para Hernaldo.

En un reciente giro de los acontecimientos, se ha cerrado el capítulo de justicia de este caso. MR, en una elaborada y tortuosa farsa, se hizo pasar por una mujer considerablemente más joven para atrapar a Hernaldo en su red de engaños. La cita, que parecía inocente, fue en realidad una trampa meticulosamente planeada. JP, el cómplice y pareja de MR, junto con su hijo, ejecutaron la emboscada contra el incauto Hernaldo. La tragedia alcanzó su punto culminante cuando Hernaldo fue encontrado más tarde en el maletero de su propio vehículo, un final inesperado y desgarrador. La afligida de Hernaldo, con voz temblorosa y ojos llorosos, reveló detalles espeluznantes durante su declaración en el juicio. Narró cómo la presunta asesina había engañado a su hijo con imágenes y videos que distorsionaban la realidad, mostrando a una mujer joven y atractiva, en lugar de su verdadera identidad. "Creo que fue esa falsa imagen la que sedujo a mi hijo. Él estaba convencido de que estaba interactuando con la mujer que aparecía en esos videos... una mujer encantadora, que parecía una modelo profesional. Pero, lamentablemente, detrás de esa imagen engañosa se ocultaba una criminal despiadada", dijo con un tono de voz cargado de dolor. "Hernaldo apenas tenía 42 años", continuó, luchando por contener sus emociones.

Figura 2. Fotografía de MR.

"Estaba lleno de sueños, de ilusiones por formar una familia, en la cúspide de su carrera profesional, era un pilar fundamental en nuestra comunidad. Había llegado el momento de que se independizara, aunque siempre había sido el apoyo incondicional en nuestro hogar. Jamás imaginamos que su vida terminaría de esta manera tan cruel", concluyó, sumida en una profunda tristeza. La comunidad aún se recupera del impacto de esta tragedia, un recordatorio sombrío de que, a veces, detrás de una fachada encantadora, se pueden ocultar las intenciones más siniestras. El descubrimiento del cuerpo sin vida de Hernaldo en el maletero de su coche en febrero del 2023 desató una frenética investigación por parte de los detectives de la Brigada de Homicidios de la Policía de Investigaciones de Chile. Finalmente, el 25 de octubre, los responsables (MR, marido e hijo) fueron arrestados. El 12 de febrero, seis días antes de la fatídica cita, según el fiscal del caso, MR creó el perfil falso para robar a los pobres incautos que la contactaran. Hernaldo, sin sospechar la tragedia que se avecinaba, llegó al lugar acordado con MR, cerca de un callejón en la comuna, donde fue abordado por la tríada de criminales.

Figura 3. Levantamiento de cuerpo de Hernaldo.

El fiscal Velásquez, en una revelación escalofriante, narró cómo los acusados agredieron ferozmente a la víctima en múltiples áreas del cuerpo, antes de secuestrarlo en su propio automóvil y llevarlo a una sucursal del Banco Estado. En ese lugar, MR, con despiadada eficiencia, retiró $200,000 de un cajero automático, apropiándose del dinero de Hernaldo. La nefasta familia, con MR a la cabeza, desató un infierno de torturas sobre el desdichado Hernaldo, obligándolo a entregar sus tarjetas y claves bancarias. En un interludio de su cruel trama, lo dejaron en el auto mientras sustraían una considerable cantidad de dinero. Al regresar, su furia se intensificó, culminando en un acto de violencia que marcó el trágico final dela víctima. El subprefecto al frente de la Brigada de Homicidios de la Policía de Investigaciones de Chile (PDI) de Temuco, compartió en una entrevista los detalles perturbadores del crimen. Los maleantes, después de propinar una golpiza letal y ocultar el cuerpo de la víctima en el maletero de su propio coche, cometieron la audacia de dilapidar el dinero robado en prendas de vestir y objetos domésticos, en un acto de desprecio absoluto por la vida y la dignidad humana.

Figura 5. En la fotografía superior se puede observar a MR con su pareja e hijo después de haber realizado varias compras. En la fotografía inferior a MR sacando dinero de un cajero automático con las tarjetas de Hernaldo.

El descubrimiento del cadáver de Hernaldo en el maletero de su vehículo, abandonado a un lado de la carretera en el kilómetro 1 de la ruta que va de Lautaro a Galvarino, desató una ola de conmoción entre los carabineros y la comunidad. Su cuerpo desnudo y con signos inequívocos de haber sufrido torturas extremas, se convirtió en el centro de una investigación policial. El padre de la víctima, en una declaración llena de dolor y rabia, comentó: "Fue un acto de pura crueldad. Se ensañaron de una manera inhumana con él..." Por otro lado, la madre, sumó a esta historia macabra detalles aún más perturbadores durante una entrevista. Entre sollozos, relató cómo su hijo había sido brutalmente herido y abandonado en su propio vehículo: "Mi hijo se desangró allí mismo, en el auto. Fue una escena de horror indescriptible", lamentó profundamente. Además, compartió sus sospechas y su intuición maternal, recordando cómo se percató de que algo terrible había sucedido cuando su hijo no regresó a casa. Habló de la mujer con la que su hijo se había encontrado, quien aparentaba ser una modelo, pero en realidad ocultaba una naturaleza delictiva. En un relato escalofriante, la hermana de la víctima, describió cómo los autores del crimen procedieron a realizar actividades cotidianas, como ir de compras y a comer, mostrando una falta total de remordimiento y culpa después del asesinato. Actualmente, los tres sospechosos involucrados en este horrendo crimen han sido arrestados y enfrentan cargos por robo y homicidio. La brutalidad y la frialdad de este caso han causado una conmoción profunda y duradera en la comunidad de Lautaro, sumiéndola en un estado de shock y tristeza colectiva. Este trágico evento no solo ha dejado una huella imborrable en los corazones de los familiares y amigos de Hernaldo, sino que también ha sacudido los cimientos de la seguridad y la confianza en la región, generando un ambiente de miedo y desconfianza.

En un escalofriante capítulo marcado por el misterio y la búsqueda de justicia, el diligente fiscal desveló un avance crucial: la PDI, específicamente la Brigada de Homicidios de Talcahuano en la vibrante región del Bío Bío, había emitido órdenes de detención contra una mujer y su compañero sentimental. Esta orden de captura siguió al macabro hallazgo del cuerpo de Méndez, descubierto el 19 de febrero en el maletero de su propio vehículo. Entre los hallazgos más impactantes, destacó la aplicación de citas Tinder, que emergió como el punto de contacto inicial entre la desafortunada víctima y uno de los sospechosos. Después de una búsqueda incansable y prolongada que se extendió a lo largo de seis largos y angustiosos meses, finalmente se logró acorralar a los tres cómplice. En una muestra de eficiencia y rapidez, la Brigada de Homicidios de la PDI de Temuco, logró la detención de MR y su pareja. Paralelamente, en una operación coordinada, su hijo fue capturado en Lautaro. La muerte inesperada y brutal de Hernaldo ha dejado a su familia y seres queridos en un estado de profundo dolor y shock, estremecidos ante la despiadada naturaleza de su asesinato. Este caso ha resaltado la fragilidad de la vida y la importancia de la justicia en una sociedad que busca respuestas y consuelo ante tales actos inhumanos.

Ahora, estos individuos, envueltos en oscuridad y secretos, se encontraban en una situación ineludible: enfrentarían el frío e implacable juicio de la ley, acusados de un crimen de insólita y desgarradora crueldad: el robo seguido de asesinato. Los tres, implicados en el horrendo asesinato del reconocido psicólogo fueron confinados bajo prisión preventiva, una medida tomada por el Juzgado de Garantía de Lautaro tras una audiencia de formalización donde un juez dictó su ingreso al Centro Penitenciario Femenino y al Centro de

Cumplimiento Penitenciario de Temuco. La noticia de su encarcelamiento, la decisión del tribunal, trajo un suspiro colectivo de alivio a la comunidad, sabiendo que estos asesinos permanecerían bajo cautiverio durante los largos, tediosos y tensos meses de la investigación. Inmóviles, los acusados escuchaban cómo el juez dictaba su futuro incierto, mientras afuera, el descubrimiento del cuerpo del psicólogo, fríamente escondido en el maletero de su propio vehículo en un tramo desolado entre Lautaro y Galvarino, resonaba con fuerza en la comunidad.

Las plataformas como Tinder pueden servir como un terreno fértil para individuos con intenciones maliciosas, que se aprovechan del anonimato y la confianza generada en el entorno digital. La historia de Hernaldo, un hombre que buscaba conexión y encontró su fin a manos de criminales, ilustra dramáticamente el peligro potencial de estas interacciones. La posibilidad de ser víctima de engaño, robo, e incluso violencia física, subraya la importancia de ejercer extrema precaución y verificar cuidadosamente la identidad y las intenciones de las personas con quienes se planea encuentros a través de estas aplicaciones. Este caso resalta la necesidad de una mayor conciencia sobre los peligros que pueden esconderse detrás de un perfil en una app de citas.